Cuentos para pensar

JORGE BUCAY

Cuentos para pensar

OCEANO

CUENTOS PARA PENSAR

© MAGAZINES, S.A.
       Buenos Aires, Argentina

Para su comercialización exclusivamente
en México, Estados Unidos de Norteamérica,
Canadá, países de Centroamérica, países del Caribe,
Colombia, Venezuela, Ecuador y Perú:

D. R. © EDITORIAL OCEANO DE MÉXICO, S.A. de C.V.
       Eugenio Sue 59, Colonia Chapultepec Polanco
       Miguel Hidalgo, Código Postal 11560, México, D.F.
       ☎ 5282 0082   📠 5282 1944

SEGUNDA REIMPRESIÓN

ISBN 970-651-360-4

IMPRESO EN MÉXICO / PRINTED IN MEXICO

A mi esposa Perla con amor y gratitud

Índice

Prólogo

Buenos Aires, marzo 27 de 1997

P aradójicamente, éste, mi tercer libro, *no es* mi tercer libro.

Hace casi veinte años cuando jugaba a escribir y martirizaba a mis pacientes de entonces con mis delirios, no sospechaba que alguno de aquellos textos iba a transformarse en parte de un libro, o mejor dicho, de dos.

Tanto *Cartas para Claudia* como *Recuentos para Demián* tienen un antecedente en común: el cuaderno de apuntes, de hojas cuadriculadas, donde un atrevido (¡y mucho más joven!) Jorge Bucay garabateaba sus notas entre 1978 y 1989.

Fueron estos apuntes los que, escritos a máquina, fotocopiados luego, y encuadernados después, tomaron, en manos de mis amigos y pacientes, la forma de un "libro casero" que comenzó a circular entre ellos bajo el nombre de *Los cuentos para pensar*.

Si bien es cierto que había entre esos escritos muchos breves relatos salidos de mi imaginación, la mayoría de los textos no eran "cuentos". Vagaban por sus hojas, en desorden, algunos apuntes técnicos, textos de ensueños dirigidos y exploraciones personales; varios poemas en

11

verso libre y, por fin, algunos escritos que tenían la forma de cartas dirigidas a mis pacientes en un intento de aportar datos que sirvieran para su crecimiento.[1]

Todo entremezclado, en realidad, con un único fin: el de recordarme a mí mismo tal o cual manera de ver las cosas.

En 1991 se publicó *Recuentos para Demián* —mi segundo libro— y yo extraje de mi viejo cuaderno dos cuentos: "Joroska" y "Las alas son para volar". En las últimas páginas de ese libro había un índice alfabético bibliográfico, donde se citaba la fuente de cada relato. Para esos dos figuró, naturalmente, *Cuentos para pensar* de Jorge Bucay...

Y entonces sucedió algo insólito: muchos lectores fueron a las librerías a preguntar por aquel libro anterior. Los libreros, que poco sabían de mí y mucho menos de estos *Cuentos para pensar*, llamaron a mi editor para pedirlo... Y la editorial empezó a reclamarme un ejemplar del libro inexistente para "reeditarlo" (?)...

Y yo... Yo... ¡no lo podía creer!

Esto que tienes en tus manos es la primera edición comercial de la mayoría de aquellos textos de *Los cuentos para pensar*,[2] además de algunos otros escritos un poco más recientes, que no pude resistirme a incluir.

Quiero confesarte que publicar este libro generó en mí no pocas resistencias:

---

[1] Idea-origen de las "Cartas" de mi primer libro editado.

[2] Así como entre los gemelos el último en nacer es el primero en gestarse y desde el punto de vista jurídico el mayor, así también éste, hasta hoy mi último y recién nacido libro, es en realidad el primero.

La mayoría de ellas porque me avergüenza un poco editar cosas escritas hace tanto tiempo por un Jorge Bucay que ya no soy. Algunas otras, las más perturbadoras, porque hay, en estos textos, algunos párrafos (en "Esquela", por ejemplo), que pensé que nunca me iba a animar a mostrar. Y muchas más por fin, porque estos cuentos no salen de historias traídas "de los tiempos de los tiempos" (como en *Recuentos para Demián*).... casi todos estos relatos me pertenecen y por ello tengo, aún hoy, muchas dudas sobre su verdadero valor o utilidad.

Todas estas resistencias se balancearon con un solo sentimiento, el halago que me produjo la búsqueda que algunas personas hicieron de este *Cuentos para pensar*...

Este libro no existe, pues, porque yo lo haya escrito; existe, básica y principalmente, por la fuerza generadora del deseo de algunos de ustedes.

El prólogo de *Cartas para Claudia* terminaba con esta frase:

...Si leíste hasta aquí, ya eres parte de este libro y tu opinión me importa...

Hoy puedo cerrar este prólogo diciéndote:

Si contestaste, como muchos otros, a aquella
invitación de entonces, escribiéndome,
...si lo pensaste, aunque todavía no te hayas
animado a hacerlo,
...si leíste hasta aquí, sintiendo que te escribo a ti,
quiero que sepas

que te agradezco haber ayudado en gran medida
a que yo sea éste que soy hoy
...y que tu opinión
¡me sigue importando!

Dr. Jorge M. Bucay
Tucuman 2430 4° "J"
Código Postal 1052
Buenos Aires, Argentina
hamacom@hotmail.com

Nota para la presente edición: siento ahora un deseo más. Me gustaría que te atrevieras a enviarme algún cuento corto, escrito por ti, o que alguien te haya contado.

Quizá, quién sabe, algún día podamos publicarlo juntos.

Introducción
Las tres verdades

Todos los que hemos vivido buscando la verdad, nos hemos encontrado en el camino, con muchas ideas que nos sedujeron y habitaron en nosotros con la fuerza suficiente como para condicionar nuestro sistema de creencias.

Sin embargo, pasado un tiempo, muchas de las verdades terminaban siendo descartadas porque no soportaban nuestros cuestionamientos internos, o porque una "nueva verdad", incompatible con aquéllas, competía en nosotros por los mismos espacios o, simplemente, porque estas verdades dejaban de serlo.

En cualquier caso, aquellos conceptos que habíamos tenido como referentes dejaban de ser tales y nos encontrábamos, de pronto, a la deriva. Dueños del timón de nuestro barco y conscientes de nuestras posibilidades, pero incapaces de trazar un rumbo confiable.

Mientras escribo esto, recuerdo de pronto *El Principito* de Antoine de Saint-Exupéry:

[...] En sus viajes por los pequeños planetas de su galaxia se encontró con un geógrafo que anotaba, en un gran libro de registro: montañas, ríos y estrellas.

17

El Principito quiso registrar a su flor (aquélla que había dejado en su planeta), pero el geógrafo le dijo:

–No registramos flores, porque no se puede tomar como referencia a las cosas efímeras.

Y el geógrafo le explicó al Principito que efímero quiere decir amenazado de pronta desaparición.

Cuando el Principito escuchó esto, se entristeció mucho. Se había dado cuenta de que su rosa era efímera...

Y entonces me pregunto, por un lado: ¿existirán las verdades sólidas como rocas e imperturbables como accidentes geográficos?, ¿o será la verdad sólo un concepto que lleva en sí mismo la esencia de lo transitorio y frágil de las flores?

Y por otro lado, desde una perspectiva macrocósmica: ¿es que acaso las montañas, los ríos y las estrellas no están también amenazadas de pronta desaparición? ¿Cuánto es "pronto" comparado con "siempre"? ¿No son, desde esta mirada, las montañas también efímeras?...

Creo que lo que me gustaría hoy es intentar escribir sobre algunas ideas-montaña, ideas-río, ideas-estrella con las que me fui cruzando en mi camino.

Algunas verdades que seguramente son cuestionables para otros y lo serán también para mí, algún día, pero que contienen hoy, me parece, la solidez y la confiabilidad que da la indiscutible mirada del sentido común.

I. El primero de estos pensamientos confiables forma parte inseparable de la filosofía gestáltica y es la idea de saber que:

Lo que es, es.

(Escribo esto y pienso en la defraudación de quien me lee: "¡Lo que es, es!..." ¿ésa es *la* verdad...?)

El concepto, no por obvio menos ignorado, contiene en sí mismo tres implicaciones que me parece significativo remarcar:

Saber que "lo que es, es" implica la aceptación de que los hechos, las cosas, las situaciones, son como son.

La realidad no es como a mí me convendría que fuera.

No es como debería ser.

No es como me dijeron que iba a ser.

No es como fue.

No es como será mañana.

La realidad de mi exterior es como es.

Pacientes y alumnos que me escuchan repetir este concepto se empeñan en ver en él un dejo de resignación, de postura lapidaria, de bajar la guardia.

Me parece útil recordar que el cambio sólo puede producirse cuando somos conscientes de la situación presente. ¿Cómo podríamos diagramar nuestra ruta a Nueva York sin saber en qué punto del universo nos hallamos?

Sólo puedo empezar mi camino desde mi punto de partida, y esto es aceptar que las cosas son como son.

La segunda derivación, directamente relacionada con esta idea es que:

Yo soy quien soy.

Otra vez

Yo no soy el que quisiera ser.
No soy el que debería ser.
No soy el que mi mamá quería que yo fuera.
Ni siquiera soy el que fui.
Yo soy quien soy.

De paso, para mí, toda nuestra patología psicológica proviene de negar esta frase.

Todas nuestras neurosis empiezan cuando tratamos de ser lo que no somos.

En *Recuentos para Demián* escribí sobre el autorrechazo:

Todo empezó aquel día gris
en que dejaste de decir orgulloso:
¡YO SOY!

y entre avergonzado y temeroso,
bajaste la cabeza
y cambiaste tus dichos y actitudes
por un pensamiento:
YO DEBERÍA SER...

...Y si es difícil aceptar que yo soy quien soy, cuánto más difícil nos es, a veces, aceptar la tercera derivación de "Lo que es, es":

Tú... eres quien eres.

Es decir,
tú no eres quien yo necesito que seas.
Tú no eres el que fuiste.
Tú no eres como a mí me conviene.
Tú no eres como yo quiero.
Tú eres como eres.

Aceptar esto es respetarte y no pedirte que cambies.

Hace poco empecé a definir al verdadero amor como la *desinteresada tarea de crear espacios para que el otro sea quien es.*

Esta primera "verdad" es el principio (en sus dos sentidos, de primero y de primordial) de toda relación adulta.

Se materializa cuando yo te acepto como tú eres y percibo que tú también me aceptas tal como yo soy.

II. La segunda verdad que creo imprescindible la tomo de la sabiduría sufí:

Nada que sea bueno... es gratis.

Y de aquí se derivan para mí, por lo menos dos ideas.

La primera: si deseo algo que es bueno para mí, debería saber que voy a pagar un precio por ello. Por supuesto, ese pago no siempre es en dinero (¡si fuera sólo dinero sería tan fácil!).

Este precio es a veces alto y otras muy pequeño, pero siempre existe. Porque *nada* que sea bueno, es gratis.

La segunda: darme cuenta de que si algo recibo del afuera, si algo bueno me está pasando, si vivo situaciones de placer y de goce es porque me las he ganado; he pagado por ellas, *me las merezco*.

(Sólo para alertar a los pesimistas y desalentar a los aprovechadores quiero aclarar que los pagos son siempre por anticipado; aquello bueno que vivo ya lo pagué, ¡no hay cuotas posteriores!).

Algunos de los que me escuchan decir esto preguntan:

¿Y lo malo?

¿No es cierto que tampoco lo malo es gratis?

¿Si algo malo me pasa no es también por algo que hice..., porque de alguna forma, me lo merezco?

Quizá sea cierto. Sin embargo, estoy hablando de verdades para mí incuestionables, sin excepciones, universales. Y para mí esta aseveración "me merezco todo lo que me pasa incluido lo malo" *no es* necesariamente cierta.

Puedo asegurar que conozco a algunas personas a las que les han acontecido hechos desgraciados y dolorosos que sin ninguna duda, ¡no merecían!

Incorporar esta verdad ("Nada que sea bueno es gratis") es abandonar para siempre la idea infantil de que alguien debe darme algo porque sí, porque yo lo quiero. Que la vida tiene que procurarme lo que deseo "por mi sólo desearlo", de pura suerte, mágicamente.

III. Y la tercera idea que creo que es un punto de referencia podría enunciarla de la siguiente manera:

Es cierto que nadie puede hacer todo lo que quiere, pero cualquiera puede NO hacer lo que NO quiere.

Me repito:

No hacer lo que no quiero.

Incorporar este concepto como una referencia real, esto es, vivir coherentemente con esta idea, no es fácil y, sobre todo, no es gratis.

(Nada que sea bueno lo es, y esto es bueno.)

Estoy diciendo que si soy un adulto nadie puede obligarme a hacer lo que no quiero hacer. Lo máximo que puede pasarme en todo caso, es que el precio sea mi vida.

(No es que yo minimice este costo, pero sigo pensando que es diferente creer que no puedo hacerlo, a saber que hacerlo me costaría la vida.)

Sin embargo, en lo cotidiano, en el pasar de todos los días, los precios son mucho más bajos. En general, lo único que es necesario, es incorporar la capacidad de renunciar a que algunos de los otros me aprueben, me aplaudan, me quieran.

(El costo, como me gusta decirlo a mí, es que, cuando uno se anima a decir *no*, empieza a conocer algunos aspectos desconocidos de sus amigos: la nuca, la espalda, y todas esas otras partes que se ven sólo cuando el otro se va.)

Estas tres verdades son para mí, ideas-montaña, ideas-río, ideas-estrella.

Verdades que continúan siendo ciertas a través del tiempo y de las circunstancias.

Conceptos que no son relativos a determinados momentos, sino a todos y cada uno de los instantes que, sumados, solemos llamar nuestra vida.

VERDADES-MONTAÑA... para poder construir nuestra casa sobre una base sólida.

VERDADES-RÍO... para poder calmar nuestra sed y para navegar sobre ellas en la búsqueda de nuevos horizontes.

VERDADES-ESTRELLA... para poder servirnos de guía, aun en las más oscuras de nuestras noches...

El buscador

Hace dos años, cuando terminaba una charla para un grupo de parejas, conté, como suelo hacer, un cuento a manera de regalo de despedida. Para mi sorpresa, esta vez, alguien del grupo pidió la palabra y se ofreció a regalarme una historia. Ese cuento que quiero tanto, lo escribo ahora en memoria de mi amigo Jay Rabon.

Ésta es la historia de un hombre al que yo definiría como un buscador...

Un buscador es alguien que busca, no necesariamente alguien que encuentra.

Tampoco es alguien que, necesariamente, sabe qué es lo que está buscando, es simplemente alguien para quien su vida es una búsqueda.

Un día, el buscador sintió que debía ir hacia la ciudad de Kammir. Él había aprendido a hacer caso riguroso a estas sensaciones que venían de un lugar desconocido de sí mismo, así que dejó todo y partió.

Después de dos días de marcha por los polvorientos caminos divisó, a lo lejos, Kammir. Un poco antes de llegar al pueblo, una colina a la derecha del sendero le llamó mucho la atención.

Estaba tapizada de un verde maravilloso y había un montón de árboles, pájaros y flores encantadores; la rodeaba por completo una especie de valla pequeña de madera lustrada.

...Una portezuela de bronce lo invitaba a entrar. De pronto, sintió que olvidaba el pueblo y sucumbió ante la tentación de descansar por un momento en ese lugar.

El buscador traspasó el portal y empezó a caminar lentamente entre las piedras blancas que estaban distribuidas, como al azar, entre los árboles.

Dejó que sus ojos se posaran como mariposas en cada detalle de este paraíso multicolor.

Sus ojos eran los de un buscador, y quizá por eso descubrió, sobre una de las piedras, aquella inscripción:

Abdul Tareg, vivió 8 años, 6 meses, 2 semanas y 3 días.

Se sobrecogió un poco al darse cuenta de que esa piedra no era simplemente una piedra, era una lápida.

Sintió pena al pensar que un niño de tan corta edad estaba enterrado en ese lugar.

Mirando a su alrededor el hombre se dio cuenta de que la piedra de al lado también tenía una inscripción. Se acercó a leerla, decía:

Yamir Kalib, vivió 5 años, 8 meses, y 3 semanas.

El buscador se sintió terriblemente conmocionado. Este hermoso lugar era un cementerio y cada piedra, una tumba.

Una por una, empezó a leer las lápidas.

Todas tenían inscripciones similares: un nombre y el tiempo de vida exacto del muerto.

Pero lo que lo conectó con el espanto, fue comprobar que el que más tiempo había vivido sobrepasaba apenas los once años... Embargado por un dolor terrible se sentó y se puso a llorar.

El cuidador del cementerio, pasaba por ahí y se acercó.

Lo miró llorar por un rato en silencio y luego le preguntó si lloraba por algún familiar.

–No, ningún familiar —dijo el buscador—, ¿qué pasa con este pueblo?, ¿qué cosa tan terrible hay en esta ciudad?, ¿por qué hay tantos niños muertos enterrados en este lugar?, ¡¿cuál es la horrible maldición que pesa sobre esta gente, que los ha obligado a construir un cementerio de niños?!

El anciano se sonrió y dijo:

–Puede usted serenarse. No hay tal maldición. Lo que pasa es que aquí tenemos una vieja costumbre. Le contaré...

Cuando un joven cumple quince años sus padres le regalan una libreta, como ésta que tengo aquí, colgando del cuello.

Y es tradición entre nosotros que a partir de allí, cada vez que uno disfruta intensamente de algo, abre la libreta y anota en ella:

a la izquierda, qué fue lo disfrutado...
a la derecha, cuánto tiempo duró el gozo.

Conoció a su novia, y se enamoró de ella. ¿Cuánto tiempo duró esa pasión enorme y el placer de conocerla?, ¿una semana?, ¿dos?, ¿tres semanas y media...?

Y después... la emoción del primer beso, el placer maravilloso del primer beso, ¿cuánto duró?, ¿el minuto y medio del beso?, ¿dos días?, ¿una semana...?

¿Y el embarazo o el nacimiento del primer hijo...?

¿Y el casamiento de los amigos...?

¿Y el viaje más deseado...?

¿Y el encuentro con el hermano que vuelve de un país lejano?

¿Cuánto tiempo duró el disfrutar de estas situaciones?...

¿Horas?, ¿días...?

Así... vamos anotando en la libreta cada momento que disfrutamos... cada momento.

Cuando alguien se muere,
es nuestra costumbre,
abrir su libreta
y sumar el tiempo de lo disfrutado,
para escribirlo sobre su tumba,
porque ése es, para nosotros,
el único y verdadero tiempo VIVIDO.

El temido enemigo

La idea de este cuento llegó a mí escuchando un relato de Enrique Mariscal. Me permití, a partir de allí, prolongar el cuento para transformarlo en otra historia con otro mensaje y otro sentido... Así como está ahora se lo regalé una tarde a mi amigo Norbi.

Había una vez, en un reino muy lejano y perdido, un rey al que le gustaba mucho sentirse poderoso. Su deseo de poder no se satisfacía sólo con tenerlo, él necesitaba, además, que todos lo admiraran por ser poderoso. Así como a la madrastra de Blanca Nieves no le era suficiente verse bella, también él necesitaba mirarse en un espejo que le dijera lo poderoso que era. Él no tenía espejos mágicos, pero contaba con un montón de cortesanos y sirvientes a su alrededor a quienes preguntarles si él era el más poderoso del reino.

Invariablemente todos le decían lo mismo:

–Alteza, eres muy poderoso, pero tú sabes que el mago tiene un poder que nadie posee: *él conoce el futuro.*

(En aquel tiempo, alquimistas, filósofos, pensadores, religiosos y místicos eran llamados, genéricamente "magos".)

El rey estaba muy celoso del mago del reino pues aquél no sólo tenía fama de ser un hombre muy bueno y generoso, sino que, además, el pueblo entero lo amaba, lo admiraba y festejaba que él existiera y viviera allí.

No decían lo mismo del rey.

Quizá porque necesitaba demostrar que era él quien mandaba, el rey no era justo, ni ecuánime, y mucho menos bondadoso.

Un día, cansado de que la gente le contara lo poderoso y querido que era el mago, o motivado por esa mezcla de celos y temores que genera la envidia, el rey urdió un plan: organizaría una gran fiesta a la cual invitaría al mago. Después de la cena, pediría la atención de todos. Llamaría al mago al centro del salón y delante de los cortesanos, le preguntaría si era cierto que sabía leer el futuro. El invitado tendría dos posibilidades: decir que no, defraudando así la admiración de los demás, o decir que sí, confirmando el motivo de su fama. El rey estaba seguro de que escogería la segunda posibilidad. Entonces, le pediría que le dijera la fecha en la que el mago del reino iba a morir. Éste daría una respuesta, un día cualquiera, no importaba cuál. En ese mismo momento, planeaba el rey, sacaría su espada para matarlo. Conseguiría con esto dos cosas de un solo golpe: la primera, deshacerse de su enemigo para siempre; la segunda, demostrar que el mago no había podido adelantarse al futuro, ya que se había equivocado en su predicción. Se acabarían, en una sola noche, el mago y el mito de sus poderes...

Los preparativos se iniciaron enseguida, y muy pronto el día del festejo llegó...

...Después de la gran cena, el rey hizo pasar al mago al centro y le preguntó:

–¿Es cierto que puedes leer el futuro?

–Un poco —dijo el mago.

–¿Y puedes leer tu propio futuro? —preguntó el rey.

–Un poco —dijo el mago.

–Entonces quiero que me des una prueba —dijo el rey. ¿Qué día morirás? ¿Cuál es la fecha de tu muerte?

El mago se sonrió, lo miró a los ojos y no contestó.

–¿Qué pasa mago? —dijo el rey sonriente. ¿No lo sabes?... ¿no es cierto que puedes ver el futuro?

–No es eso —dijo el mago—, pero lo que sé, no me animo a decírtelo.

–¿Cómo que no te animas?... —dijo el rey. Yo soy tu soberano y te ordeno que me lo digas. Debes darte cuenta de que es muy importante para el reino saber cuándo perderemos a sus personajes más eminentes... Contéstame, pues, ¿cuándo morirá el mago del reino?

Luego de un tenso silencio, el mago lo miró y dijo:

–No puedo precisarte la fecha, pero sé que el mago morirá exactamente un día antes que el rey...

Durante unos instantes, el tiempo se congeló. Un murmullo corrió por entre los invitados.

El rey siempre había dicho que no creía en los magos ni en adivinaciones, pero lo cierto es que no se animó a matar al mago.

Lentamente el soberano bajó los brazos y se quedó en silencio...

Los pensamientos se agolpaban en su cabeza.

Se dio cuenta de que se había equivocado.

Su odio había sido el peor consejero.

–Alteza, te has puesto pálido. ¿Qué te sucede? —preguntó el invitado.

–Me estoy sintiendo mal —contestó el monarca—, voy a mis aposentos, te agradezco que hayas venido.

Y con un gesto confuso dio la vuelta en silencio encaminándose a sus habitaciones...

El mago era astuto, había dado la única respuesta que evitaría su muerte.

¿Habría leído su mente?

La predicción no podía ser cierta. Pero... ¿y si lo fuera...? Estaba aturdido...

Se le ocurrió que sería trágico que le pasara algo al mago camino a su casa.

El rey volvió sobre sus pasos, y dijo en voz alta:

–Mago, eres famoso en el reino por tu sabiduría, te ruego que pases esta noche en el palacio pues debo consultarte por la mañana sobre algunas decisiones reales.

–¡Majestad! Será un gran honor... —dijo el invitado con una reverencia.

El rey dio órdenes a sus guardias personales para que acompañaran al mago hasta las habitaciones de huéspedes en el palacio y custodiaran su puerta, asegurándose de que nada le pasara...

Esa noche el soberano no pudo conciliar el sueño. Estuvo muy inquieto pensando qué pasaría si al mago le hubiera caído mal la comida, o si se hubiera hecho daño accidentalmente durante la noche, o si, simplemente, le hubiera llegado su hora.

Bien temprano en la mañana el rey golpeó en las habitaciones de su invitado.

Él nunca en su vida había pensado en consultar ninguna de sus decisiones, pero esta vez, en cuanto el mago lo recibió, hizo la pregunta... necesitaba una excusa.

Y el mago, que era un sabio, le dio una respuesta correcta, creativa y justa.

El rey, casi sin escuchar la respuesta, alabó a su huésped por su inteligencia y le pidió que se quedara un día más, supuestamente, para "consultarle" otro asunto... (obviamente, el rey sólo quería asegurarse de que nada le pasara).

El mago —que gozaba de la libertad que sólo conquistan los iluminados— aceptó...

Desde entonces todos los días, por la mañana o por la tarde, el rey iba hasta las habitaciones del mago para consultarlo y lo comprometía para una nueva consulta al día siguiente.

No pasó mucho tiempo antes de que el rey se diera cuenta de que los consejos de su nuevo asesor eran siempre acertados y terminara, casi sin notarlo, tomándolos en cuenta en cada una de sus decisiones.

Pasaron los meses y luego los años.

Y como siempre... *estar cerca del que sabe vuelve al que no sabe más sabio.*

Así fue: el rey poco a poco se fue volviendo más y más justo.

Ya no era despótico ni autoritario. Dejó la necesidad de sentirse poderoso, y seguramente por ello dejó la necesidad de demostrar su poder.

Empezó a aprender que la humildad también podía tener sus ventajas.

Empezó a reinar de una manera más sabia y bondadosa.

Y sucedió que su pueblo empezó a quererlo, como nunca lo había querido antes.

El rey ya no iba a ver al mago para preguntarle por

su salud, iba realmente para aprender, para compartir una decisión o simplemente para charlar.

El rey y el mago habían llegado a ser excelentes amigos.

Hasta que un día, a más de cuatro años de aquella cena, sin motivo, el rey recordó.

Recordó que este hombre, a quien consideraba ahora su mejor amigo, había sido su más odiado enemigo.

Recordó aquel plan que alguna vez urdió para matarlo.

Y se dio cuenta de que no podía seguir manteniendo este secreto sin sentirse un hipócrita.

El rey tomó valor y fue hasta la habitación del mago. Golpeó la puerta y apenas entró, le dijo:

–Hermano mío, tengo algo para contarte que me oprime el pecho.

–Dime —dijo el mago—, y alivia tu corazón.

–Aquella noche, cuando te invité a cenar y te pregunté sobre tu muerte, yo no quería en realidad saber sobre tu futuro, planeaba matarte frente a cualquier cosa que me dijeras, quería que tu muerte inesperada desmitificara tu fama de adivino. Te odiaba porque todos te amaban... Estoy tan avergonzado...

El rey suspiró profundamente y siguió:

–Aquella noche no me animé a matarte y ahora que somos amigos, y más que amigos, hermanos, me aterra pensar todo lo que hubiera perdido si lo hubiera hecho. Hoy he sentido que no puedo seguir ocultándote mi infamia. Necesité decirte todo esto para que tú me perdones o me desprecies, pero sin ocultamientos.

El mago lo miró y le dijo:

–Has tardado mucho tiempo en poder decírmelo,

pero de todas maneras, me alegra que lo hayas hecho, porque esto es lo único que me permitirá decirte que ya lo sabía. Cuando me hiciste la pregunta y acariciaste con la mano el puño de tu espada, fue tan clara tu intención, que no hacía falta ser adivino para darse cuenta de lo que pensabas hacer —el mago sonrió y puso su mano en el hombro del rey. Como justa devolución a tu sinceridad, debo decirte que yo también te mentí... Te confieso que inventé esa absurda historia de mi muerte antes de la tuya para darte una lección. Una lección que hasta hoy estás en condiciones de aprender, quizá la más importante cosa que yo te haya enseñado:

Vamos por el mundo odiando y rechazando aspectos de los otros y hasta de nosotros mismos que creemos despreciables, amenazantes o inútiles... y, sin embargo, si nos damos tiempo, terminamos dándonos cuenta de lo mucho que nos costaría vivir sin aquellas cosas que en un momento rechazamos.

Tu muerte, querido amigo, llegará justo, justo el día de tu muerte, y ni un minuto antes. Es importante que sepas que yo estoy viejo, y mi día seguramente se acerca. No hay ninguna razón para pensar que tu partida deba estar atada a la mía. Son nuestras vidas las que se han ligado, no nuestras muertes.

El rey y el mago se abrazaron y festejaron brindando por la confianza que cada uno sentía en esta relación que habían sabido construir juntos...

Cuenta la leyenda que, misteriosamente, esa misma noche el mago murió durante el sueño.

El rey se enteró de la mala noticia a la mañana siguiente... y se sintió desolado.

No estaba angustiado por la idea de su propia

39

muerte, había aprendido del mago a desapegarse hasta de su permanencia en este mundo.

Estaba triste por la muerte de su amigo.

¿Qué coincidencia extraña había hecho que el rey le pudiera contar esto al mago justo la noche anterior a su muerte?

Tal vez de alguna manera desconocida el mago había hecho que él pudiera decirle esto para quitarle su fantasía de morirse un día después.

Un último acto de amor para librarlo de sus temores de otros tiempos...

Cuentan que el rey se levantó y que, con sus propias manos, cavó en el jardín, bajo su ventana, una tumba para su amigo, el mago.

Enterró allí su cuerpo y el resto del día se quedó al lado del montículo de tierra, llorando como sólo se llora ante la pérdida de los seres más queridos.

Y recién entrada la noche, el rey volvió a su habitación.

Cuenta la leyenda... que esa misma noche... veinticuatro horas después de la muerte del mago, el rey murió en su lecho mientras dormía...

quizá por casualidad...

quizá de dolor...

quizá para confirmar la última enseñanza de su maestro.

Sin querer saber

Y si es cierto que has dejado de quererme...
yo te pido,
por favor,
no me lo digas!...

Necesito por hoy
y todavía
navegar
inocente en tus mentiras...

Dormiré sonriendo
y muy tranquilo.
Me despertaré
bien temprano en la mañana.

Y volveré a hacerme a la mar,
te lo prometo...

Pero esta vez...
sin atisbo de protesta o resistencia
naufragaré por voluntad y sin reservas
en la profunda inmensidad de tu abandono...

Juan Sinpiernas
(...o el arte de igualar para abajo)

Juan Sinpiernas era un hombre que trabajaba como leñador. Un día Juan compró una sierra eléctrica pensando que esto aligeraría mucho su trabajo.

La idea hubiera sido muy feliz si él hubiera tenido la precaución de aprender a manejar primero la sierra, pero no lo hizo.

Una mañana mientras trabajaba en el bosque, el aullido de un lobo hizo que el leñador se descuidara... La sierra eléctrica se deslizó entre.sus manos y Juan se accidentó hiriéndose de gravedad en las dos piernas.

Nada pudieron hacer los médicos para salvarlas, así que Juan Sinpiernas, como si fuera víctima de la profética determinación de su nombre, quedó definitivamente postrado en una silla de ruedas por el resto de su vida.

Juan estuvo deprimido durante meses por el accidente y después de un año, pareció que poco a poco empezaba a mejorar.

No obstante, algo conspiró contra su recuperación psíquica, e imprevistamente Juan volvió a caer en una profunda e increíble depresión.

Los médicos lo remitieron a psiquiatría.

Juan Sinpiernas, después de una pequeña resistencia, hizo la consulta.

El psiquiatra era amable y receptivo. Juan se sintió en confianza rápidamente y le contó sucintamente los hechos que derivaron en su estado de ánimo.

El psiquiatra le dijo que comprendía su depresión. La pérdida de las piernas —dijo— era en realidad un motivo muy genuino para su angustia.

–*Es que no es eso, doctor —dijo Juan—, mi depresión no tiene que ver con la pérdida de las piernas. No es la discapacidad lo que más me molesta. Lo que más me duele es el cambio que ha tenido la relación con mis amigos.*

El psiquiatra abrió los ojos y se quedó mirándolo, esperando que Juan Sinpiernas completara su idea.

–*Antes del accidente mis amigos me venían a buscar todos los viernes para ir a bailar. Una o dos veces a la semana nos reuníamos a chapotear en el río y hacer carreras a nado. Hasta días antes de mi operación algunos de los amigos salíamos los domingos de mañana a correr por la avenida costanera. Sin embargo, parece que por el sólo hecho de haber sufrido el accidente, no sólo he perdido las piernas, sino que he perdido además las ganas de mis amigos de compartir cosas conmigo. Ninguno de ellos me ha vuelto a invitar desde entonces.*

El psiquiatra lo miró y se sonrió...

Le costaba creer que Juan Sinpiernas no estuviera entendiendo lo absurdo de su planteamiento...

No obstante, el psiquiatra decidió explicarle claramente lo que pasaba. Él sabía mejor que nadie que la mente tiene resortes tan especiales que pueden hacer que uno se vuelva incapaz de entender lo que es evidente y obvio.

El psiquiatra le explicó a Juan Sinpiernas que sus amigos no lo estaban evitando por desamor o rechazo.

Aunque fuera doloroso, el accidente había modificado la realidad.

Le gustara o no, él ya no era el compañero de elección para hacer esas mismas cosas que antes compartían...

–Pero doctor —interrumpió Juan Sinpiernas—, *yo sé que puedo nadar, correr y hasta bailar. Por suerte, pude aprender a manejar mi silla de ruedas y sé que nada de eso me está vedado...*

El doctor lo serenó y siguió su razonamiento: por supuesto que no había nada en contra de que él siguiera haciendo las mismas cosas, es más, era importantísimo que siguiera haciéndolas. Simplemente, era difícil seguir pretendiendo compartirlas con sus relaciones de entonces.

El psiquiatra le explicó a Juan que en realidad él podía nadar, pero tenía que competir con quienes tenían su misma dificultad... que podía ir a bailar, pero en clubes y con otros a quienes también les faltaran las piernas... podía salir a entrenarse por la costanera, pero debía aprender a hacerlo con otros discapacitados.

Juan debía entender que sus amigos no estarían con él ahora como antes, porque ahora las condiciones entre él y ellos eran diferentes... Ya no eran sus pares.

Para poder hacer estas cosas que él deseaba hacer y otras más, era mejor acostumbrarse a hacerlo con sus iguales.

Tenía, entonces, que dedicar su energía a fabricar *nuevas relaciones con pares*.

Juan sintió que un velo se descorría dentro de su mente y esa sensación lo serenó.

-Es difícil explicarle cuánto le agradezco su ayuda, doctor — dijo Juan. Vine casi forzado por sus colegas pero ahora comprendo que tenían razón... He entendido su mensaje y le aseguro que seguiré sus consejos, doctor. Muchas gracias ha sido realmente útil venir a la consulta.

-Nuevas relaciones con pares —se repitió Juan para no olvidarlo.

Y entonces Juan Sinpiernas salió del consultorio del psiquiatra, y volvió a su casa...

y puso en condiciones su sierra eléctrica...

Planeaba cortarles las piernas a algunos de sus amigos, y "fabricar" así... algunos pares.

Darse cuenta

Este cuento está inspirado en un poema de un monje tibetano, Rimpoche, y que reescribí según mi propia manera de decir, para mostrar una característica más de nosotros, los humanos.

Me levanto una mañana,
salgo de mi casa,
hay un pozo en la vereda,
no lo veo,
y me caigo en él.

Día siguiente...
salgo de mi casa,
me olvido que hay un pozo en la vereda,
y vuelvo a caer en él.

Tercer día,
salgo de mi casa tratando de acordarme
que hay un pozo en la vereda,
sin embargo
no lo recuerdo,
y caigo en él.

Cuarto día,
salgo de mi casa tratando de acordarme
del pozo en la vereda,
lo recuerdo,
y a pesar de eso,
no veo el pozo
y caigo en él.

Quinto día,
salgo de mi casa,
recuerdo que tengo que tener presente
el pozo en la vereda
y camino mirando el piso,
y lo veo
y a pesar de verlo,
caigo en él.

Sexto día,
salgo de mi casa,
recuerdo el pozo en la vereda,
voy buscándolo con la vista,
lo veo,
intento saltarlo,
pero caigo en él.

Séptimo día,
salgo de mi casa
veo el pozo,
tomo carrera,
salto,
rozo con la puntas de mis pies el borde del otro lado,
pero no es suficiente y caigo en él.

Octavo día,
salgo de mi casa,
veo el pozo,
tomo carrera,
salto,
¡llego al otro lado!
Me siento tan orgulloso de haberlo conseguido,
que festejo dando saltos de alegría...
y al hacerlo,
caigo otra vez en el pozo.

Noveno día,
salgo de mi casa,
veo el pozo,
tomo carrera,
lo salto,
y sigo mi camino.

Décimo día,
me doy cuenta
hasta hoy
que es más cómodo
caminar... por la vereda de enfrente.

El cuento dentro del cuento

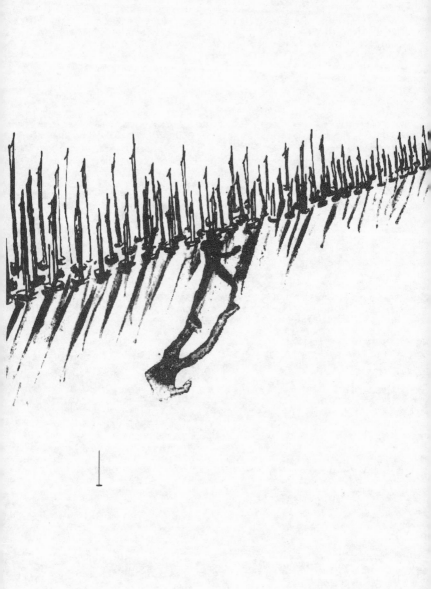

Hacía meses que vivía asustado por terribles pensamientos de aniquilación que lo atormentaban... sobre todo en las noches.

Se acostaba temiendo no ver el amanecer del día siguiente y no conseguía dormirse hasta que el sol despuntaba, a veces apenas una hora antes de tener que levantarse para ir a su trabajo.

Cuando supo que *El Iluminado* pasaría la noche en las afueras del pueblo, se dio cuenta de que tenía en sus manos una oportunidad única, ya que no era frecuente que los viajeros pasaran, ni siquiera cerca, de ese poblado perdido entre las montañas de Caldea.

La fama precedía al misterioso visitante, y aunque nadie lo había visto, se decía que el maestro tenía las respuestas a todas las preguntas. Por eso esa madrugada, sin que ninguno de su casa lo notara, lo fue a ver a la tienda que —le habían avisado— había armado junto al río.

Cuando llegó, el sol recién había terminado de separarse del horizonte.

Encontró al *Iluminado* meditando.

Esperó respetuosamente unos minutos hasta que el maestro notó su presencia...

En ese momento, y como si lo estuviera esperando, giró hacia él y con una plácida expresión, lo miró a los ojos en silencio.

–Maestro, ayúdame —dijo el hombre. Pensamientos terribles asaltan mis noches y no tengo paz ni ánimo para descansar y disfrutar de las cosas que vivo. Dicen que tú lo resuelves todo. Ayúdame a escapar de esta angustia...

El maestro sonrió y le dijo:

–Te contaré un cuento:

"...Un hombre rico mandó a su criado al mercado en busca de alimentos. Pero a poco de llegar allí, se cruzó con la muerte que lo miró fijamente a los ojos.

El criado empalideció del susto y salió corriendo, dejando tras de sí las compras y la mula. Jadeando, llegó a casa de su amo:

–¡Amo, amo! Por favor, necesito un caballo y algo de dinero para salir ya mismo de la ciudad... Si salgo ahora mismo quizá llegue a Tamur antes del anochecer... por favor amo, ¡por favor...!

El señor le preguntó sobre el motivo de tan urgente pedido y el criado le contó a borbotones su encuentro con la muerte.

El dueño de casa pensó un instante y, alargándole una bolsa de monedas, le dijo:

–Bien, sea. Vete. Llévate el caballo negro que es el más veloz que tengo.

–Gracias, amo —dijo el sirviente y, tras besarle las manos, corrió al establo, montó el caballo y partió velozmente hacia la ciudad de Tamur.

Cuando el sirviente se hubo perdido de vista, el acaudalado hombre caminó hacia el mercado buscando a la muerte.

–¿Por qué asustaste a mi sirviente? —le preguntó en cuanto la vio.

–¿Asustarlo yo? —preguntó la muerte.

–Sí —dijo el hombre rico—, él me dijo que hoy se cruzó contigo y lo miraste amenazante.

–Yo no lo miré amenazante —dijo la muerte—, lo miré sorprendida. No esperaba verlo aquí esta tarde, porque se supone que tengo que recogerlo en Tamur ¡esta noche!"

–¿Entiendes? —preguntó.

–Claro que entiendo, maestro, intentar escapar de los malos pensamientos es salir a buscarlos. Huir de la muerte es ir a su encuentro.

–Así es.

–Tengo tanto que agradecerte, maestro... —dijo el hombre. Siento que desde esta misma noche dormiré tan tranquilo recordando este cuento que me levantaré sereno cada mañana...

–Desde esta noche... —interrumpió el anciano—, no habrá más mañanas.

–No entiendo —dijo el hombre.

–Entonces... no entendiste el cuento.

El hombre, sorprendido, miró al *Iluminado* y vio que la expresión de su cara ya no era la misma...

Codicia

Cavando para montar un cerco que separara mi terreno del de mis vecinos, me encontré enterrado en el jardín un viejo cofre lleno de monedas de oro.

A mí no me interesó por la riqueza, sino por lo extraño del hallazgo.

Nunca he sido ambicioso y no me importan demasiado los bienes materiales...

Después de desenterrar el cofre, saqué las monedas y las lustré. (¡Estaban tan sucias y herrumbradas las pobres!)

Mientras las apilaba sobre mi mesa prolijamente las fui contando...

Constituían en sí mismas una verdadera fortuna.

Sólo por pasar el tiempo empecé a imaginarme todas las cosas que se podrían comprar con ellas...

Pensaba en lo loco que se pondría un codicioso que se topara con semejante tesoro...

Por suerte...

Por suerte no era mi caso.

Hoy vino un señor a reclamar las monedas.

Era mi vecino.

Pretendía sostener, el muy miserable, que las monedas las había enterrado su abuelo y que, por lo tanto, le pertenecían a él.

Me dio tanto fastidio...

...*¡que lo maté!*

Si no lo hubiera visto *tan* desesperado por tenerlas se las hubiera dado, porque si hay algo que a mí no me importa, son las cosas que se compran con dinero...

Pero, eso sí,

no soporto a la gente codiciosa...

El oso

Hay cuentos que son particularmente significativos para mí.

Uno de ellos es esta antiquísima historia que me contó alguna vez mi abuelo y que quiero contarte, tal como hoy la recuerdo.

Ésta es la historia de un sastre, un zar y su oso.

Un día el zar descubrió que uno de los botones de su saco preferido se había caído.

El zar era caprichoso, autoritario y cruel (como todos los que se enmarañan por demasiado tiempo en el poder), así que, furioso por la ausencia del botón, mandó a buscar al sastre y ordenó que a la mañana siguiente fuera decapitado por el hacha del verdugo.

Nadie contradecía al emperador de todas las Rusias, así que la guardia fue hasta la casa del sastre y arrancándolo de entre los brazos de su familia lo llevó a la mazmorra del palacio para que esperara allí a su muerte.

Al atardecer, cuando el guardia de la cárcel le llevó al sastre la última cena, éste meneó la cabeza y musitó:

–Pobre zar.

El guardia no pudo evitar la carcajada:

–¿Pobre del zar? Pobre de ti. Tu cabeza quedará bastante lejos de tu cuerpo mañana mismo.

–Tú no entiendes —dijo el sastre. ¿Qué es lo más importante para nuestro zar?

–¿Lo más importante? —contestó el guardia. No sé. Su pueblo.

–No seas estúpido. Digo algo realmente importante para él.

–¿Su esposa?

–¡Más importante!

–¡Los diamantes! —creyó adivinar el carcelero.

–¿Qué es lo que más le importa al zar en el mundo?

–¡Ya sé! Su oso.

–Eso. Su oso.

–¿Y?

–Mañana, cuando el verdugo termine conmigo, el zar perderá su única oportunidad para conseguir que su oso hable.

–¿Tú eres entrenador de osos?

–Un viejo secreto familiar... —dijo el sastre. Pobre del zar...

Deseoso de ganarse los favores del zar, el pobre guardia corrió a contarle al soberano su descubrimiento:

¡El sastre sabía enseñarle a hablar a los osos!

El zar estaba encantado. Mandó a buscar inmediatamente al sastre y cuando lo tuvo frente a sí le ordenó:

–¡Enséñale a mi oso nuestro lenguaje!

El sastre bajó la cabeza y dijo:

–Me encantaría complacerte ilustrísima, pero enseñar a hablar a un oso es una tarea ardua y lleva tiempo... y lamentablemente, tiempo es lo que menos tengo...

–¿Cuánto tiempo llevaría el aprendizaje? —preguntó el zar

–Depende de la inteligencia del oso...

–¡El oso es muy inteligente! —interrumpió el zar. De hecho es el oso más inteligente de todos los osos de Rusia.

–Bien, si el oso es inteligente... y siente deseos de aprender... yo creo... que el aprendizaje duraría... duraría... no menos de... DOS AÑOS.

El zar pensó un momento y luego ordenó:

–¡Bien, tu pena será suspendida por dos años, mientras tú entrenas al oso. Mañana empezarás!

–Alteza —dijo el sastre—, si tú mandas al verdugo a ocuparse de mi cabeza, mañana estaré muerto, y mi familia se las ingeniará para sobrevivir. Pero si me conmutas la pena, ya no tendré tiempo para dedicarme a tu oso... deberé trabajar de sastre para mantener a mi familia...

–Eso no es problema —dijo el zar. A partir de hoy y durante dos años tú y tu familia estarán bajo la protección real. Serán vestidos alimentados y educados con el dinero del zar y nada que necesiten o deseen les será negado... Pero, eso sí... Si dentro de dos años el oso no habla... te arrepentirás de haber pensado en esta propuesta... Rogarás haber sido ejecutado por el verdugo... ¿Entiendes, verdad?

–Sí, alteza.

–¡Bien... guardias! —gritó el zar. ¡Que lleven al sastre a su casa en el carruaje de la corte, denle dos bolsas de oro, comida y regalos para sus niños. Ya... fuera!

El sastre en reverencia y caminado hacia atrás, comenzó a retirarse mientras musitaba agradecimientos.

–No olvides —le dijo el zar apuntándolo con el dedo directamente a la frente—, si en dos años el oso no habla...

...Cuando todos en la casa lloraban por la pérdida del padre de familia, el sastre apareció en la casa en el carruaje del zar, sonriente, eufórico y con regalos para todos.

La esposa del sastre no cabía en su asombro. Su marido, que pocas horas antes había sido llevado al cadalso, volvía ahora, exitoso, acaudalado y exultante...

Cuando estuvieron solos, el hombre le contó los hechos.

–Estás LOCO —chilló la mujer—, enseñar a hablar al oso del zar. Tú, que ni siquiera has visto un oso de cerca. Estás loco. Enseñar a hablar a un oso... Loco, estás loco...

–Calma mujer, calma. Mira, me iban a cortar la cabeza mañana al amanecer, ahora tengo dos años... En dos años pueden pasar tantas cosas... En dos años... —siguió el sastre— se puede morir el zar... me puedo morir yo... y lo más importante... ¡por ahí el oso habla!

Sólo por amor

Camino por mi camino.

Mi camino es una ruta con un solo carril, el mío.

A mi izquierda un muro eterno, separa mi camino del camino de alguien que transita a mi lado, del otro lado del muro.

De vez en cuando en este muro hay un agujero, una ventana, una hendidura... y puedo mirar hacia el camino de mi vecino o vecina.

Un día mientras camino, creo ver, del otro lado del muro, una figura que pasa a mi ritmo, en mi misma dirección.

Miro esa figura: es una mujer, es hermosa.

Ella también me ve. Me mira.

La vuelvo a mirar.

Le sonrío... y me sonríe.

Un momento después ella sigue andando su camino y yo apuro la marcha porque espero ansiosamente la próxima oportunidad de cruzarme con esa mujer.

En la próxima ventana me detengo un minuto.

Cuando ella llega, nos miramos a través de la ventana.

Parece tan encantada conmigo como yo con ella.

Le digo por señas lo mucho que ella me agrada.

Me contesta con señas. No sé si significan lo mismo que las mías, pero intuyo que ella entiende lo que quiero decirle.

Siento que me quedaría un largo rato mirándola y dejándome mirar, pero sé que mi camino continúa...

Me digo que más adelante en el camino, habrá seguramente una puerta y quizá pueda yo cruzar y encontrarme con ella. *Nada da más certeza que el deseo*, así que me apuro por encontrar la puerta que imagino.

Empiezo a correr con la vista clavada en el muro.

Un poco más adelante la puerta aparece.

Allí está del otro lado, mi ahora deseada y amada compañera, esperando, esperándome.

Le hago un gesto, ella me devuelve un beso en el aire.

Me hace una seña como llamándome. Es todo lo que necesito.

Voy hacia la puerta para reunirme con ella, de su lado del muro.

La puerta es muy estrecha, paso una mano, paso el hombro, hundo un poco la panza, me retuerzo un poquito sobre mí mismo, casi consigo pasar mi cabeza, pero mi oreja derecha se queda trabada.

Empujo.

No hay caso, no pasa.

Y no puedo usar mi mano para torcerla, porque no podría poner ni un dedo allí...

No hay espacio para pasar con mi oreja, así que, tomo una decisión...

(Porque mi amada está allí, y me espera...)

(Porque es la mujer que siempre soñé y me llama...)

...Saco una navaja de mi bolsillo y de un solo tajo

rápido, me animo a darme un corte en la oreja para que mi cabeza pase por la puerta.

Y tengo éxito, mi cabeza consigue pasar...

Pero después de mi cabeza, veo que es mi hombro el que queda trabado.

La puerta no tiene la forma de mi cuerpo.

Hago fuerza, pero no hay remedio, mi mano y mi cuerpo han pasado, pero mi otro hombro y mi otro brazo no pasan...

Ya nada me importa, así que...

Retrocedo, y sin pensar en las consecuencias, tomo vuelo y fuerzo mi paso por la puerta.

Al hacerlo, el golpe desarticula mi hombro y el brazo queda colgando como sin vida, pero ahora, afortunadamente, en una posición tal que puedo atravesar la puerta.

Ya casi ...casi, estoy del otro lado.

Justo cuando estoy a punto de terminar de pasar por la hendidura, me doy cuenta de que mi pie derecho se ha quedado enganchado del otro lado.

Por mucho que fuerzo y me esfuerzo, no puedo pasarlo.

No hay caso, la puerta es demasiado angosta para que mi cuerpo entero pase por ella.

Demasiado angosta, no pasan mis dos pies...

No lo dudo. Estoy ya casi al alcance de mi amada.

No puedo echarme atrás...Así que, agarro el hacha y, apretando los dientes, doy el golpe y desprendo la pierna.

Ensangrentado, a los saltos, apoyado en el hacha y con el brazo desarticulado, con una oreja y una pierna menos, me encuentro con mi amada.

Le digo:

—Aquí estoy. Por fin he pasado. Me miraste, te miré, me enamoré. He pagado todos los costos por ti... Todo vale en la guerra y el amor. No importan los sacrificios... valían la pena si eran para encontrarse contigo... para poder seguir juntos... juntos para siempre...

Ella me mira, se le escapa una mueca y me dice:

—Así no, así no quiero... A mí me gustabas cuando estabas entero.

Ceremonia del té(e)

Te encuentro...

Te escucho...

Te hablo...

Te abrazo...

Te beso...

Te tengo...

Te aprieto...

Te atrapo...

Te absorbo...

Te asfixio...

¿Te quiero?

Obstáculos

Este texto que reproduzco aquí no es en realidad un cuento, sino más bien una meditación guiada, diseñada en forma de ensueño dirigido, para explorar las verdaderas razones de algunos de nuestros fracasos. Me permito sugerirte que lo leas lentamente, intentando detenerte unos instantes en cada frase, visualizándote en cada situación.

Voy andando por un sendero.

Dejo que mis pies me lleven.

Mis ojos se posan en los árboles, en los pájaros, en las piedras.

En el horizonte se recorta la silueta de una ciudad.

Agudizo la mirada para distinguirla bien.

Siento que la ciudad me atrae.

Sin saber cómo, me doy cuenta de que en esta ciudad puedo encontrar todo lo que deseo.

Todas mis metas, mis objetivos y mis logros.

Mis ambiciones y mis sueños están en esa ciudad.

Lo que quiero conseguir, lo que necesito, lo que más me gustaría ser, aquello a lo cual aspiro, lo que intento, por lo que trabajo, lo que siempre ambicioné, aquello que sería el mayor de mis éxitos.

Me imagino que todo eso está en esa ciudad.

Sin dudar, empiezo a caminar hacia ella.

A poco de andar, el sendero se hace cuesta arriba.

Me canso un poco, pero no importa.

Sigo.

Diviso una sombra negra, más adelante, en el camino.

Al acercarme, veo que una enorme zanja impide mi paso.

Temo... dudo.

Me enoja que mi meta no pueda conseguirse fácilmente.

De todas maneras, decido saltar la zanja.

Retrocedo, tomo impulso y salto...

Consigo pasarla.

Me repongo y sigo caminando.

Unos metros más adelante, aparece otra zanja.

Vuelvo a tomar carrera y también la salto.

Corro hacia la ciudad: el camino parece despejado.

Me sorprende un abismo que detiene mi camino.

Me detengo.

Imposible saltarlo.

Veo que a un costado hay maderas, clavos y herramientas.

Me doy cuenta de que están allí para construir un puente.

Nunca he sido hábil con mis manos.

...Pienso en renunciar.

Miro la meta que deseo... ...y resisto.

Empiezo a construir el puente.

Pasan horas, o días, o meses.

El puente está hecho.

Emocionado, lo cruzo.

Y al llegar al otro lado... descubro el muro.

Un gigantesco muro frío y húmedo rodea la ciudad de mis sueños.....

Me siento abatido...

Busco la manera de esquivárlo.

No hay caso.

Debo escalarlo.

La ciudad está tan cerca...

No dejaré que el muro impida mi paso.

Me propongo trepar.

Descanso unos minutos y tomo aire...

De pronto veo,

a un costado del camino,

un niño que me mira como si me conociera.

Me sonríe con complicidad.

Me recuerda a mí mismo... cuando era niño.

Quizá por eso, me animo a expresar en voz alta mi queja:

–¿Por qué tantos obstáculos entre mi objetivo y yo?

El niño se encoge de hombros y me contesta:

–¿Por qué me lo preguntas a mí?

Los obstáculos no estaban antes de que tú llegaras...

Los obstáculos los trajiste tú.

Había una vez
(...o de la frágil frontera entre el cuento
y la realidad)

Había una vez... "una vez"
que a fuerza de ser contada
se repitió tantas veces...
que se volvió realidad.

Joroska

Este cuento fue publicado originalmente en *Recuentos para Demián*, 1991.

Siempre le habían gustado los enigmas...

Desde niño se había desafiado a sí mismo con cuanto crucigrama, acertijo, laberinto, criptograma y problema de ingenio se le había presentado.

Con mayor o menor éxito, había usado gran parte de su vida y de su cerebro en resolver problemas que otros habían inventado.

Por supuesto que no era infalible, pasaron por sus manos muchos acertijos que eran demasiado complicados para él.

Frente a ellos, Joroska había repetido una secuencia casi ritual: los miraba un rato largo y definía de un vistazo, como experto que era, si este problema pertenecía o no al grupo de los insolubles.

Si su mirada confirmaba que lo era, Joroska tomaba aire y de todas maneras se abocaba a la resolución.

Comenzaba entonces la etapa de la frustración (por psicologizar el análisis del ritual).

Aparecían las preguntas imposibles, los caminos cerrados, los símbolos intrincados, las palabras desconocidas, los planteamientos imprevisibles.

Joroska había descubierto, hacía tiempo, su actitud triunfalista frente a la vida.

¿Sería por eso que estos enigmas terminaban por enojarlo?

El caso es que poco tiempo después de la tentativa, se aburría cósmicamente y abandonaba el problema, criticando en el fondo de su subconsciente al estúpido hacedor de problemas que él no podía resolver...

Creo que fue a causa de que también se aburría con los planteamientos demasiado fáciles, que llegó a la conclusión de que hay un enigma a la medida de cada "resolvedor", y sólo uno mismo puede saber cuál es su medida.

Lo ideal —se dijo— sería crear los propios acertijos a la propia medida.

Pero inmediatamente se dio cuenta de que eso haría perder interés al enigma mismo. El creador tendría la solución a medida que planteaba el problema.

Un poco jugando y un poco animado por la idea de servir a otros que pudieran resolver en el futuro estos enigmas, empezó a crear dilemas, juegos de palabras, de números, problemas de lógica y planteamientos de pensamiento abstracto...

Pasaron años, todos sus acertijos eran compartidos con amigos, revistas especializadas y algunas últimas páginas de diarios locales. Joroska se transformó en un famoso diseñador de enigmas y acertijos...

Pero su gran obra fue, sin lugar a dudas, la construcción del laberinto.

En el fondo de su casa enorme, empezó, los días de solecito y paz, a levantar paredes, ladrillo por ladrillo, para armar a escala natural un enorme laberinto.

Todos sus trabajos podían editarse, imprimirse y distribuirse, todos, menos ése.

El laberinto no se publicaba ni se trasladaba...

El laberinto sólo crecía y crecía en el fondo de la casa.

Joroska lo complicaba más y más. Casi sin darse cuenta, el intrincado acertijo tenía cada vez más caminos sin salida.

La construcción se transformó en parte de su vida. No había un día en el que Joroska no agregara algún ladrillo, tapiara una salida o prolongara una curva para hacer más difícil su recorrido.

¿Cuándo fue? Diría yo que alrededor de veinte años después.

El fondo del terreno ya no alcanzaba para seguir construyendo y entonces el laberinto empezó, casi naturalmente, a incluirse en su propia casa.

Para ir del dormitorio al baño había que dar ocho pasos al frente, girar a la izquierda, dar seis pasos, luego a la derecha, bajar tres escalones, caminar cinco pasos, doblar otra vez a la derecha, saltar un obstáculo y abrir una puerta...

Para ir a la terraza había que inclinar el cuerpo sobre la pared izquierda, rodar unos metros y subir por una escalera de soga hasta el piso alto...

Así, de a poco, su casa se fue transformando en un gran laberinto de tamaño natural...

Al principio esto lo llenó de satisfacción.

Era divertido transitar esos pasillos que lo conducían, también a él, a veces a rutas sin salida ya que era imposible recordar todos los caminos en la memoria.

Era un laberinto a medida.

A *su* medida.

Desde entonces, Joroska invitó mucha gente a su casa, a su laberinto; pero aun los más interesados terminaban, como él en otros acertijos, defraudados, desbordados y aburridos.

Joroska se ofrecía a guiarles por su casa, pero la gente, después de un rato, decidía irse.

Poco más o poco menos todos le decían lo mismo:

–¡No se puede vivir así!

Finalmente, Joroska no aguantó su eterna soledad y se mudó a una casa sin laberintos donde pudo recibir a la gente sin problemas.

Sin embargo, cada vez que conocía a alguien que le parecía lúcido, lo llevaba a su verdadero lugar. (Como hacía aquel niño que fue el aviador de *El principito* con sus dibujos de las boas cerradas y las boas abiertas, así, Joroska abría su laberinto a los que le parecían merecedores de tal "distinción".)

...Pero Joroska nunca encontró a nadie que quisiera vivir con él en ese lugar.

Brevedad

He nacido hoy de madrugada
viví mi niñez esta mañana
y sobre el mediodía
ya transitaba mi adolescencia.
Y no es que me asuste
que el tiempo se me pase tan aprisa
sólo me inquieta un poco pensar
que tal vez mañana
yo sea
demasiado viejo
para hacer lo que he dejado pendiente.

La ciudad de los pozos

Esta historia representa, para mí, el símbolo de la cadena que vincula a las personas a través de la sabiduría de los cuentos. Me la contó un paciente que la había escuchado, a su vez, de boca de un ser maravilloso, el curita criollo Mamerto Menapace. Así como la reproduzco ahora se la regalé una noche a Marce y a Paula.

Esa ciudad no estaba habitada por personas, como todas las demás ciudades del planeta.

Esa ciudad estaba habitada por pozos. Pozos vivientes... pero pozos al fin.

Los pozos se diferenciaban entre sí, no sólo por el lugar en el que estaban excavados, sino también por el brocal (la abertura que los conectaba con el exterior).

Había pozos pudientes y ostentosos con brocales de mármol y de metales preciosos; pozos humildes de ladrillo y madera y algunos otros más pobres, simples agujeros pelados que se abrían en la tierra.

La comunicación entre los habitantes de la ciudad era de brocal a brocal y las noticias cundían rápidamente, de punta a punta del poblado.

Un día llegó a la ciudad una "moda" que seguramente había nacido en algún pueblito humano:

La nueva idea señalaba que todo ser viviente que se preciara de serlo debería cuidar mucho más lo interior que lo exterior. Lo importante no era lo superficial sino el contenido.

Así fue como los pozos empezaron a llenarse de cosas.

Algunos se llenaban de joyas, monedas de oro y piedras preciosas. Otros, más prácticos, se llenaron de electrodomésticos y aparatos mecánicos. Algunos más, optaron por el arte, y fueron llenándose de pinturas, pianos de cola y sofisticadas esculturas posmodernas. Finalmente, los intelectuales se llenaron de libros, de manifiestos ideológicos y de revistas especializadas.

Pasó el tiempo.

La mayoría de los pozos se llenaron a tal punto que ya no pudieron incorporar nada más.

Los pozos no eran todos iguales, así que, si bien algunos se conformaron, hubo otros que pensaron que debían hacer algo para seguir metiendo cosas en su interior...

Alguno de ellos fue el primero: en lugar de apretar el contenido, se le ocurrió aumentar su capacidad ensanchándose.

No pasó mucho tiempo antes de que la idea fuera imitada, todos los pozos gastaban gran parte de sus energías en ensancharse para poder hacer más espacio en su interior.

Un pozo, pequeño y alejado del centro de la ciudad, empezó a ver a sus camaradas ensanchándose desmedidamente. Él pensó que si seguían hinchándose de tal manera, pronto se confundirían los bordes y cada uno perdería su identidad...

Quizá a partir de esta idea se le ocurrió que otra manera de aumentar su capacidad era crecer, pero no a lo ancho, sino hacia lo profundo. Hacerse más hondo en lugar de más ancho. Pronto se dio cuenta de que todo lo que tenía dentro de él le imposibilitaba la tarea de profundizar. Si quería ser más profundo debía vaciarse de todo contenido...

Al principio tuvo miedo al vacío, pero luego, cuando vio que no había otra posibilidad, lo hizo.

Vacío de posesiones, el pozo empezó a volverse profundo, mientras los demás se apoderaban de las cosas de las que él se había desecho...

Un día, sorpresivamente, el pozo que crecía hacia adentro tuvo una sorpresa: ¡adentro, muy adentro, y muy en el fondo encontró agua!

Nunca antes otro pozo había encontrado agua...

El pozo superó la sorpresa y empezó a jugar con el agua del fondo, humedeciendo las paredes, salpicando los bordes y, por último, sacando agua.

La ciudad nunca había sido regada más que por la lluvia, que de hecho era bastante escasa, así que la tierra alrededor del pozo, revitalizada por el agua, empezó a despertar.

Las semillas de sus entrañas brotaron en pasto, en tréboles, en flores, y en tronquitos endebles que se volvieron árboles después...

La vida explotó en colores alrededor del alejado pozo al que empezaron a llamar "El Vergel".

Todos le preguntaban cómo había conseguido el milagro.

–Ningún milagro —contestaba el Vergel—, hay que buscar en el interior, hacia lo profundo...

Muchos quisieron seguir el ejemplo del Vergel, pero desandaron la idea cuando se dieron cuenta de que para ir más profundo debían vaciarse. Siguieron ensanchándose cada vez más para llenarse de más y más cosas...

En la otra punta de la ciudad otro pozo, decidió correr también el riesgo del vacío...

Y también empezó a profundizar...

Y también llegó al agua...

Y también salpicó hacia afuera creando un segundo oasis verde en el pueblo...

–¿Qué harás cuando se termine el agua? —le preguntaban.

–No sé lo que pasará —contestaba. Pero, por ahora, cuanto más agua saco, más agua hay.

Pasaron unos cuantos meses antes del gran descubrimiento.

Un día, casi por casualidad, los dos pozos se dieron cuenta de que el agua que habían encontrado en el fondo de sí mismos era la misma...

Que el mismo río subterráneo que pasaba por uno inundaba la profundidad del otro.

Se dieron cuenta de que se abría para ellos una nueva vida.

No sólo podían comunicarse, de brocal a brocal, superficialmente, como todos los demás, sino que la búsqueda les había deparado un nuevo y secreto punto de contacto:

La comunicación profunda que sólo consiguen entre sí aquéllos que tienen el valor de vaciarse de contenidos y buscar en lo profundo de su ser lo que tienen para dar...

Animarse a volar

Para Ioshúa que se animó a correr el riesgo y voló...
Este cuento fue publicado originalmente en *Recuentos
para Demián*, 1991.

... Y cuando se hizo grande, su padre le dijo:

–Hijo mío, no todos nacen con alas. Y si bien es
cierto que no tienes obligación de volar, opino que sería
penoso que te limitaras a caminar teniendo las alas que
el buen Dios te ha dado.

–Pero yo no sé volar —contestó el hijo.

–Ven —dijo el padre.

Lo tomó de la mano y caminando lo llevó al borde
del abismo en la montaña.

–Ves, hijo, éste es el vacío. Cuando quieras podrás
volar. Sólo debes pararte aquí, respirar profundo, y saltar
al abismo. Una vez en el aire extenderás las alas y vo-
larás...

El hijo dudó:

–¿Y si me caigo?

–Aunque te caigas no morirás, sólo sufrirás algu-

111

nos machucones que te harán más fuerte para el siguiente intento —contestó el padre.

El hijo volvió al pueblo, a sus amigos, a sus pares, a sus compañeros con los que había caminado toda su vida.

Los más pequeños de mente le dijeron:

–¿Estás loco?

–¿Para qué?

–Tu padre está delirando...

–¿Qué vas a buscar volando?

–¿Por qué no te dejas de tonterías?

–Y, además, ¿quién necesita volar?

Los más lúcidos también sentían miedo:

–¿Será cierto?

–¿No será peligroso?

–¿Por qué no empiezas despacio?

–En todo caso, prueba a tirarte desde una escalera.

–...O desde la copa de un árbol, pero... ¿desde la cima?

El joven escuchó el consejo de quienes lo querían.

Subió a la copa de un árbol y con valor saltó...

Desplegó las alas.

Las agitó en el aire con todas sus fuerzas... pero de todas maneras... se precipitó a tierra...

Con un gran chichón en la frente se cruzó con su padre:

–¡Me mentiste! No puedo volar. Probé, y ¡mira el golpe que me di! No soy como tú. Mis alas sólo son de adorno... —lloriqueó.

–Hijo mío —dijo el padre. Para volar hay que crear el espacio de aire libre necesario para que las alas se desplieguen.

Es como para tirarse en un paracaídas... necesitas cierta altura antes de saltar.

Para aprender a volar siempre hay que empezar corriendo un riesgo.

Si uno no quiere correr riesgos, lo mejor será resignarse y seguir caminando para siempre...

Cuento sin U

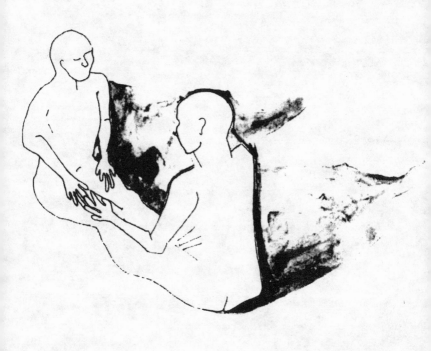

Caminaba distraídamente por el camino y de pronto lo vio.

Allí estaba el imponente espejo de mano, al costado del sendero, como esperándolo.

Se acercó, lo alzó y se miró en él.

Se vio bien.

No se vio tan joven, pero los años habían sido bastante bondadosos con él.

Sin embargo, había algo desagradable en la imagen de sí mismo.

Cierta rigidez en los gestos lo conectaba con los aspectos más agrios de la propia historia:

La bronca,

      el desprecio,

           la agresión,

                el abandono,

                    la soledad.

Sintió la tentación de llevárselo, pero rápidamente desechó esa idea.

Ya había bastantes cosas desagradables en el planeta para cargar con otra más.

Decidió irse y olvidar para siempre ese camino y ese espejo insolente.

Caminó por horas tratando de vencer la tentación de volver atrás hacia el espejo. Ese misterioso objeto lo atraía como los imanes atraen a los metales.

Resistió y aceleró el paso.

Tarareaba canciones infantiles para no pensar en esa imagen horrible de sí mismo.

Corriendo, llegó a la casa donde había vivido desde siempre, se metió vestido en la cama y se tapó la cabeza con las sábanas.

Ya no veía el exterior, ni el sendero, ni el espejo, ni la imagen de él mismo reflejada en el espejo; pero no podía evitar la memoria de esa imagen:

la del resentimiento,

la del dolor,

la de la soledad,

la del desamor,

la del miedo,

la del menosprecio.

Había ciertas cosas indecibles e impensables...

...Pero él sabía donde había empezado todo esto.

Empezó esa tarde, hacía treinta y tantos años...

El niño estaba tendido, llorando frente al lago el dolor del maltrato de los otros.

Esa tarde, el niño decidió borrar, para siempre, la letra del alfabeto.

Esa letra.

Ésa.

La letra necesaria para nombrar al otro si está presente.

La letra imprescindible para hablarle a los demás, al dirigirles la palabra.

Sin manera de nombrarlos dejarían de ser deseados...

y entonces no habría motivo para sentirlos necesarios...

y sin motivo ni forma de invocarlos,

se sentiría, por fin, libre...

Epílogo

Escribiendo sin "*U*"
puedo hablar hasta el cansancio de mí,
de lo mío, del yo,
de lo que tengo,
de lo que me pertenece...
Hasta puedo escribir de él,
de ellos
y de los otros.
Pero sin "*U*"
no puedo hablar de ustedes,
del tú,
de lo de ustedes.
No puedo hablar de lo suyo,
de lo tuyo,
ni siquiera de lo nuestro.
Así me pasa...
A veces pierdo la "*U*"...
y dejo de poder hablarte,
pensarte, amarte, decirte.
Sin "*U*", *yo* me quedo pero *tú* desapareces...
Y sin poder nombrarte,
¿cómo podría disfrutarte?
Como en el cuento... si tú no existes,
me condeno a ver lo peor de mí mismo
reflejándose eternamente,
en el mismo
mismísimo
estúpido
espejo.

Quiero

Ésta, mi propuesta sobre las relaciones interpersonales, fue publicada originalmente dentro del prólogo de la tercera reedición de *Cartas para Claudia* en 1989...

Quiero que me oigas sin juzgarme
Quiero que opines sin aconsejarme
Quiero que confíes en mí sin exigirme
Quiero que me ayudes sin intentar decidir por mí
Quiero que me cuides sin anularme
Quiero que me mires sin proyectar tus cosas en mí
Quiero que me abraces sin asfixiarme
Quiero que me animes sin empujarme
Quiero que me sostengas sin hacerte cargo de mí
Quiero que me protejas sin mentiras
Quiero que te acerques sin invadirme
Quiero que conozcas las cosas mías que más te disgusten
Que las aceptes y no pretendas cambiarlas
Quiero que sepas... que hoy puedes contar conmigo...
Sin condiciones.

Pequeña historia autobiográfica

Había una vez un señor que vivía como lo que era:

una persona común y corriente.

Un buen día, misteriosamente, notó que la gente empezó a halagarlo diciéndole lo alto que era:
–¡Qué alto estás!
–¡Cómo has crecido!
–Te envidio la altura que tienes...
Al principio esto lo sorprendió, así que, durante unos días, notó que se miraba de reojo al pasar frente a los escaparates de los negocios y en los espejos del metro...
Pero el hombre siempre se veía igual, ni tan alto ni tan bajo...
Él trató de restarle importancia, pero cuando después de unas semanas, notó que tres de cada cuatro personas lo miraban desde abajo, empezó a interesarse en el fenómeno.
El señor compró un metro para medirse. Lo hizo con método y minuciosidad, y después de varias mediciones y revisiones, confirmó que su estatura era la de siempre.

Los otros seguían admirándolo:

–¡Qué alto estás!

–¡Cómo has crecido!

–Te envidio la altura que tienes...

El hombre empezó a pasar largas horas delante del espejo mirándose. Trataba de confirmar si era realmente más alto que antes.

No había caso: él se veía normal, ni tan alto ni tan bajo.

No contento con eso, decidió marcar, con un gis en la pared, el punto más alto de su cabeza (tendría así una referencia confiable de su evolución).

La gente insistía en decirle:

–Qué alto estás.

–Cómo has crecido.

–Te envidio la altura que tienes.

...y se inclinaban para mirarlo desde abajo.

Pasaron los días.

Varias veces el hombre volvió a marcar con gis la pared, pero su marca estaba siempre a la misma altura.

El hombre empezó a creer que se estaban burlando de él, así que, cada vez que alguien le hablaba sobre alturas, éste cambiaba de tema, lo insultaba o simplemente se iba sin decir una palabra.

De nada sirvió... la cosa seguía.

–¡Qué alto estás!

–¡Cómo has crecido!

–Te envidio la altura que tienes...

El hombre era muy racional y todo esto, pensó, debía tener una explicación.

Tanta admiración recibía y era tan lindo recibirla que el hombre deseó que fuera cierto...

Y un día se le ocurrió que quizá... sus ojos lo engañaban.

Él podría haber crecido hasta ser un gigante y por algún conjuro o hechizo, ser el único que no lo podía ver...

–¡Eso! ¡Eso debía de ser lo que estaba pasando! —montado en esta idea, el señor empezó a vivir, desde entonces, un tiempo glorioso.

Disfrutaba de las frases y las miradas de los otros.

–¡Qué alto estás!

–¡Cómo has crecido!

–Te envidio la altura que tienes...

Había dejado de sentir ese complejo de impostor que tan mal lo tenía.

Un día sucedió el milagro.

Se paró frente al espejo y realmente le pareció que había crecido.

Todo empezaba a aclarase. El hechizo había terminado, ahora él también podía verse más alto.

Se acostumbró a pararse más erguido.

Caminaba tirando la cabeza para atrás.

Usaba ropa que lo hacía más estilizado y se compró varios pares de zapatos con plataformas.

El hombre empezó a mirar a los otros desde arriba.

Los mensajes de los demás se transformaron en asombro y admiración.

–¡Qué alto estás!

–¡Cómo has crecido!

–Te envidio la altura que tienes...

El señor pasó del placer a la vanidad y de ésta a la soberbia sin solución de continuidad.

Ya no discutía con quien le decía que era alto, más

bien avalaba su comentario e inventaba algún consejo sobre cómo crecer rápidamente.

Así pasó el tiempo, hasta que un día... se cruzó con el enano.

El señor vanidoso se apuró a pararse a su lado, imaginando anticipadamente sus comentarios, se sentía más alto que nunca...

Pero, para su sorpresa, el enano permaneció en silencio.

El señor vanidoso carraspeó, pero el enano no pareció registrarlo. Y aunque se estiró y estiró hasta casi desarticular su cuello, el enano se mantuvo impasible.

Cuando ya no pudo más, le susurró:

–¿No te sorprende mi gran altura? ¿No me ves gigantesco?

El enano lo miró de arriba abajo, lo volvió a mirar y con escepticismo dijo:

–Mire, desde mi altura todos son gigantes y la verdad es que desde aquí, usted no me parece más gigante que otros.

El señor vanidoso lo miró despectivamente y como único comentario le gritó:

–¡*Enano*!

Volvió a su casa, corrió hacia el gran espejo de la sala y se paró frente a él...

No se vio tan alto como esa mañana.

Se paró junto a las marcas en la pared.

Marcó con un gis su altura, y la marca...

¡se superpuso a todas las anteriores!...

Tomó el metro y temblorosamente se midió, confirmando lo que ya sabía:

No había crecido ni un milímetro...
Nunca *había crecido ni un milímetro...*

Por primera vez en mucho tiempo volvió a verse uno más, uno igual a todos los otros.

Volvió a sentirse de su altura: ni alto ni bajo.

¿Qué iba a hacer ahora cuando se encontrara con los demás?

Ahora él sabía que no era más alto que nadie.

El señor lloró.

Se metió en la cama y creyó que no iba a salir nunca más de su casa.

Estaba muy avergonzado de su verdadera altura.

Miró por la ventana y vio a la gente de su barrio caminar frente a su casa...

...¡todos le parecían tan altos!

Asustado volvió a correr para ponerse frente al espejo de la sala, esta vez para comprobar si no se había achicado.

No. Su altura parecía la de siempre...

Y entonces comprendió...

Cada uno ve a los demás mirándolos desde arriba o desde abajo.

Cada uno ve a los altos o a los bajos según su propia posición en el mundo,

según su limitación,

según su costumbre,

según su deseo,

según su necesidad...

El hombre sonrió y salió a la calle.

Se sentía tan liviano que casi flotaba por la vereda.

131

El señor se encontró con cientos de otros que lo encontraron gigante y algunos otros que lo vieron insignificante, pero ninguno de ellos consiguió inquietarlo.

Ahora él *sabía* que era uno más.

Uno más...

Como todos...

La tristeza y la furia

Para Ana María Bovo

En un reino encantado donde los hombres nunca pueden llegar, o quizá donde los hombres transitan eternamente sin darse cuenta...

En un reino mágico, donde las cosas no tangibles, se vuelven concretas...

Había una vez...

Un estanque maravilloso.

Era una laguna de agua cristalina y pura donde nadaban peces de todos los colores existentes y donde todas las tonalidades del verde se reflejaban permanentemente...

Hasta ese estanque mágico y transparente se acercaron a bañarse haciéndose mutua compañía, la tristeza y la furia.

Las dos se quitaron sus vestimentas y desnudas las dos, entraron al estanque.

La furia, apurada (como siempre está la furia), urgida —sin saber por qué—se bañó rápidamente y más rápidamente aún, salió del agua...

Pero la furia es ciega o, por lo menos, no distingue claramente la realidad, así que, desnuda y apurada, se puso, al salir, la primera ropa que encontró...

Y sucedió que esa ropa no era la suya, sino la de la tristeza...

Y así, vestida de tristeza, la furia se fue.

Muy calmada, y muy serena, dispuesta como siempre, a quedarse en el lugar donde está, la tristeza terminó su baño y sin ningún apuro (o mejor dicho sin conciencia del paso del tiempo), con pereza y lentamente, salió del estanque.

En la orilla se encontró con que su ropa ya no estaba.

Como todos sabemos, si hay algo que a la tristeza no le gusta es quedar al desnudo, así que se puso la única ropa que había junto al estanque, la ropa de la furia.

Cuentan que desde entonces, muchas veces uno se encuentra con la furia, ciega, cruel, terrible y enfadada, pero si nos damos el tiempo de mirar bien, encontramos que esta furia que vemos, es sólo un disfraz, y que detrás del disfraz de la furia, en realidad... está escondida la tristeza.

Carta de un asesino confeso

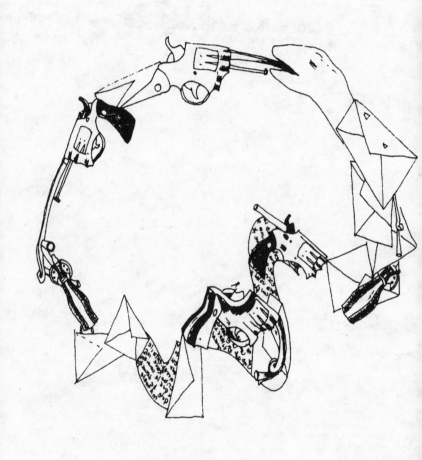

Sr. Dr. Joaquín María Ayanack
Calle Gualeguaychú 431
Capital Federal

Estimado Sr.:

Antes que nada, debo decirle que usted no me conoce, por lo menos, no en el sentido vulgar del conocer, esto es, como yo lo conozco a usted.

Quiero decir, yo sí tengo agendado su nombre y su domicilio. Yo sé su edad, sus gustos, el lugar donde va de vacaciones, la marca del auto que conduce. Conozco el nombre de su esposa, el de sus hijos y hasta el de su perro cocker ("Pongo", ¿verdad?). Me interrumpe pensar que quizá todos estos datos lo inquieten un poco.

Como todos los que transitan por espacios de poder, tiene usted también sus aspectos paranoides. Me lo imagino preguntándose: "¿Cómo sabe estas cosas de mí?". "¿Dónde consiguió este dato?..." Para evitar que se siga angustiando con estos planteamientos, me apuro en contestarle que no hay dato tan secreto que un poco de dinero y mucho tiempo no sean capaces de conseguir...Y la verdad, es que no me falta ni esto ni aquello.

(*A veces, me parece que lo que hace que Dios sea omnipotente no es el poder, sino la paciencia infinita que da la inmortalidad.* Nosotros, los humanos, en cambio, nos enfrentamos con ese grado de urgencia a la que nos obliga la forzosa conciencia de nuestra finitud.)

Eso sí, para llevar adelante una investigación seria, hace falta adosarle a la paciencia un poco de inteligencia y, obviamente, una cantidad de interés por lo investigado proporcional a la dificultad. (Porque además, sin interés es imposible aguzar la inteligencia...)

Quizá fuera justo empezar por contarle cuándo empezó mi interés en usted:

Es muy probable que no lo recuerde —ya que han pasado muchos años— pero el caso es que un día, exactamente el jueves 23 de julio de 1991, pasadas las 2 de la tarde (dos y cuarto precisamente), usted transitaba con su BMW gris por la calle Avellaneda, en Flores. Había llovido toda la tarde y las calles estaban encharcadas como siempre. Al llegar a la esquina de Artigas, dobló a la izquierda a toda velocidad y enfiló por Artigas hacia Gaona, dejando que el auto se desplazara un poco de cola, como a usted le gusta doblar. Justo ahí, a metros de Avellaneda, hay un bache. Usted lo conocía, sabía de ese bache, porque se arrimó al carril derecho para esquivarlo (¿se acuerda?)... Al hacerlo, claro, salpicó al viejito que intentaba cruzar aprovechando que el semáforo cortaba el tráfico de Artigas. Lo salpicó de arriba a abajo, desde las rodillas hasta el sombrero.

Usted lo vio, yo sé que lo vio.

Y misteriosamente, contra todo lo esperado, doctor, ¡usted no paró...!

Y no sólo no paró, sino que además (y esto fue lo más significativo), hizo un gesto... un gesto que debe haber durado tres o cuatro segundos, no más... un gesto de desprecio, un rictus de fastidio, unos milímetros de torcedura en su boca... al que siguió un leve, levísimo encogimiento de hombros que dijeron, clara y fugazmente, todo lo que hacía falta saber de su lectura del episodio.

Ese día yo me dije: "¡Qué mal tipo!".

Conviene que yo le aclare·algo de mí: no soy un prejuicioso. No tengo nada contra los autos importados, ni contra sus poseedores. También soy, creo, comprensivo y tolerante, así que después pensé que tal vez, me había equivocado y su actitud no había sido tal, o quizá, esa actitud suya había sido excepcional.·

Una excepción a la regla que media su vida, un mal momento, un error, un exabrupto...

Ojalá lo entienda, doctor, para alguien como yo, que no comprende de aproximaciones, ni de medias tintas, las cosas son o no son, y la única manera de saber si usted era o no un bastardo,·era investigándolo, investigándolo seriamente...

Así que... ¡eso es lo que hice!

Durante los últimos cinco años me dediqué a saber sobre usted para poder ratificar o rectificar, esa horrible primera impresión que su actitud me causó.

Y aquí estoy, doctor Áyanack, la investigación ha terminado o, mejor dicho, lo hallado es más que suficiente para una conclusión: usted es aún más despreciado que lo que yo pude pensar en 1991.

...El 24 de julio, al día siguiente del incidente, a la una y media de la tarde, me paré en la misma esquina de Artigas y Avellaneda a esperarlo pasar, apoyándome

141

en la presunción de que usted, como yo, no cambia sus rutas cotidianas. (Siempre me sorprendió esta odiosa manía que tenemos los humanos de hacer rígida nuestra conducta en hábitos: comemos siempre lo mismo, nos vestimos del mismo color, veraneamos en la misma ciudad, consumimos la misma marca de cigarros, y, por supuesto, recorremos las mismas calles de la ciudad para ir de un lugar a otro.)

Usted no es una excepción, así que a las 14:14, volvió a doblar con su BMW por Artigas hacia Gaona y esquivó el bache de Artigas arrimándose al carril de la mano derecha.

Ese día no había agua, ni viejito cruzando, no hubo gesto ni nada que me distrajera de tomar su número de patente: B-2153412.

El lunes siguiente decidí no trabajar y dedicarle a la investigación el día completo, así que tomé mi auto, lo estacioné sobre Artigas y otra vez, esperé su paso. A la hora de siempre, el auto importado gris dobló y comencé a seguirlo: Juan B. Justo, Warnes, Serrano, Santa Fe, Gurruchaga. Confieso que me fastidió un poco verlo estacionarse entre los lugares reservados para la comisaría de la esquina de Santa Fe y Gurruchaga. Por un momento lo imaginé comisario o algo así. Pero no, usted ni siquiera entró en la comisaría. Pasó frente a la puerta y el agente de guardia lo saludó con la venia. Desde mi auto lo vi caminar por Santa Fe hacia Canning unos veinte o treinta metros y entrar en un edificio. En ese momento el agente de guardia hizo sonar el silbato haciendo señas para que avanzara.

¿Por qué, doctor, usted puede estacionar su auto en un lugar reservado para la comisaría y yo tuve que ir a buscar un lugar dónde estacionarme, cosa difícil, por cierto, en esa zona?

¿Por qué, doctor, nos hemos transformado en un compendio de oscuros privilegios concedidos o usurpados que benefician a unos a expensas de todos los otros?

¿Cómo es que el hecho de tener una profesión como la de comisario, o subcomisario, permite hacer suyo un pedazo de ciudad para guardar un auto, y encima concede el poder de trasladar ese don a otros?

Porque usted, doctor, no trabaja en la comisaría. Usted es... "amigo del comisario". ¿Da eso derecho a unos metros cuadrados de cuadra en la ciudad? ¿Cuánto cuesta esa dádiva, doctor? ¿Un "favorcito"?, ¿unos "pesos"?, ¿una concesión compensadora "non sancta"? Mascullando palabrotas contra usted, la policía, la municipalidad y el sistema, me estacioné y caminé las dos cuadras de vuelta hacia Santa Fe.

Sobre el fin de la tarde ya sabía lo que necesitaba para empezar mi investigación. Sabía su nombre, la dirección de su oficina, su profesión (abogado penalista), y su horario de atención: lunes, miércoles, jueves y viernes de 14 a 18 horas.

Hasta el momento en que entré a su oficina, confieso que aún tenía dudas sobre mis presunciones. Tanto el episodio de Flores como el "privilegio" del estacionamiento frente a la comisaría no me parecían suficientes... Pero cuando su secretaria Mirta (la rubia, la que tiene dos hijos y vive en Liniers), me dio cita con usted para el lunes siguiente a las 14 horas, me di cuenta de su falta de respeto a los demás. Porque su secretaria sigue sus indicaciones, doctor, y usted y yo sabemos que no puede llegar a las 14 horas, si a las 14:15... ¡dobla por Artigas, en Flores!

¿Qué se supone que hace la persona que fue citada a las 14 horas, entre ese momento y las 14:45 en que usted llega?, ¿qué hace con su problema legal, con su ansiedad y con su angustia? No sabe qué hace, ¿verdad, doctor? No lo sabe ni le importa un rábano... Que espere. El otro... que espere.

Confieso, doctor, que mi opinión sobre los penalistas nunca fue maravillosa. Siempre pensé que las personas deberían tener alguna imagen de sí mismas relacionada con la profesión que después eligen. No puede ser casual que casi todos los médicos sean hipocondriacos, casi todos los economistas sean tramposos, y que no existan los abogados confiables. Muchos meses de mi investigación los dediqué a estudiar psicología. Fue un intento de llegar a entenderlo a usted y sus mecanismos. No entraba en mi cabeza que un individuo que se dedicaba a la justicia, tuviera una idea tan poco aceptable de la moral y de lo justo. Aprendí, entonces, algo que se llama "formación reactiva" (un supuesto mecanismo mediante el cual uno actúa para intentar cambiar el signo de la acción que sigue a un deseo censurable...). La psicología será mucho más benévola con usted que yo, doctor. Para la ciencia, usted "sublima sus pulsiones" con su profesión. Lo cual, así enunciado, hasta parece ennoblecedor. No, doctor. No hay ningún mecanismo reactivo que justifique, por ejemplo, que usted haya conseguido que su cliente, Fuentes Orbide, saliera en libertad incriminando al cuñado y socio de él. Usted sabía que el otro era inocente. Usted sabía que su presentación y planteamiento de defensa terminaría cambiando el lugar, en la cárcel, de su cliente por el de su víctima. Y, sin embargo, lo hizo de todas maneras. Usted no defendía la justicia, doctor. Ni siquiera a su cliente.

Usted defendió su bolsillo, su renombre, su interés personal. Dos semanas después de que el pobre socio de su cliente fuera detenido, alguien le comentó sobre el caso, en un pasillo de tribunales. El comentario era un seudorreproche por haberlo "mandado preso". ¿Recuerda su respuesta, doctor? Sus palabras resuenan en mi cabeza como si hubiera estado allí escuchando: usted dijo: "Bueno, si no puede pagarse un buen abogado ¡que se joda!".

Nada de justificación reactiva para usted, doctor.

Nada de interpretación de sublimación para las actitudes de la más baja calaña.

¿Es que vamos a echarle la culpa a sus pulsiones por esa repulsiva escala de valores con que usted maneja sus relaciones interpersonales? ¿Vamos ahora a interpretar como "fobia a la pobreza" esa actitud del restaurante de la calle Alvear en aquel mediodía de septiembre...?

Déjeme que lo ayude a recordar...

Fue hace más o menos dos años, usted almorzaba con María Elena, su amante, en el restaurante de Alvear, así que debía ser martes. (Mucho tiempo me llevó entender que los martes eran los días dedicados a su amante.) Yo los miraba sentado en una mesa no demasiado lejana, como tantas otras veces. Aquel día, mientras comíamos, entró un niño de unos diez años vendiendo rosas por las mesas. Nadie lo había visto, ni los mozos, ni María Elena, ni yo... y de pronto usted gritó: "¡Mozo!". Y el camarero que lo atiende siempre (y que le teme tanto como lo odia), se acercó rápidamente. Entonces, usted hizo que el mozo echara al niño a empujones a la calle.

La psicología tendrá muchas explicaciones para estas canalladas, pero yo sólo tengo una, usted es un canalla, doctor, tan canalla que no merece vivir.

Pensará usted: ¿y a éste, qué le importa? Me importa, doctor, me importa mucho...

Me importa porque yo soy aquel viejito que usted salpicó en Artigas y Gaona hace cinco años. Me importa porque también soy el tipo que tiene que caminar dos cuadras todos los días porque no puede estacionarse en Gurruchaga y Santa Fe. Me importa porque soy su esposa, doctor, que quisiera almorzar con usted alguna vez, y porque, de alguna manera, también soy su amante, que quisiera no almorzar con usted algún martes. Me importa porque soy el preso inocente que paga en la cárcel por lo que no hizo. Me importa porque, de muchas maneras, yo soy el niñito que intenta vender las flores en el restaurante de la calle Alvear...

Los psicólogos me han enseñado mucho sobre los mecanismos de la mente, así que debo admitir, por fin, aunque me duela, que me importa porque seguramente, yo soy tan canalla como usted, doctor. *Yo soy tan corrupto, tan soberbio, tan agresivo, tan interesado, tan egoísta, tan humillante, tan autoritario y tan despreciable como usted.* En los últimos años, doctor, he llegado a pensar, por momentos, que usted no era más que una parte mía. Una horrible parte mía, con vida independiente, que muestra lo peor de mí, en cada una de sus actitudes.

Creo que fue a partir de esas ideas de "encarnaciones", "identificaciones" y "escisiones de la personalidad", que me di cuenta de que usted no sólo no merecía vivir, sino que, además, debía morir.

¡Sí! ¡Morir!... ¿Pero morir cómo?

¿Quién sabe?

¿Cuál sería la forma más justa? ¿Accidente? ¿Infarto? ¿Suicidio? No lo sé...

La más honesta, sin dudas, sería, lisa y llanamente, el asesinato: esto es, que alguien, finalmente, decidiera matar lo que usted tan arquetípicamente representa del resto de nosotros.

¿Entiende usted el porqué de mi carta, doctor?

No le escribo para que se arrepienta...

Le escribo para informarle (porque creo que le concierne), que he decidido *matarlo*.

Por supuesto —yo lo sé— usted pensará en tomar sus recaudos: guardias, armas, guardaespaldas, sistemas de alarma, custodia en su casa, investigación de todo su personal, etcétera, etcétera.

Pero... ¿cuánto tiempo se puede sostener todo eso...?

¡Cinco años me llevó juntar la información que me permita sentenciarlo con justicia!... puedo esperar cinco, diez o veinte para cumplir la ejecución... En algún momento la custodia se afloja, la precaución se olvida, los detalles se descuidan... y en ese momento, doctor Ayanack, yo estaré esperándolo.

Puede que alguien dude (quizá usted mismo), si este aviso de asesinato es real...

Si yo mismo soy real...

¿Cómo saber, por ejemplo, que esto no es una especie de acto culposo inconsciente de su parte? En un psicologismo salvaje, alguien podría preguntarse si ésta no es una carta dirigida por usted a sí mismo para auto-rreprocharse sus miserables acciones. En contra de esta postura está mi idea de que usted es absolutamente incapaz de sentir culpa.

Lo creo un amoral, en el explícito sentido de la palabra. Aunque... hay, a favor de esta posibilidad, un dato inquietante: como la policía podrá comprobar... esta carta fue escrita en su máquina de escribir, esa que está en su escritorio, en la casa de Floresta. El papel es el mismo que usted usa y salió de su cajón del escritorio. Si consideramos el tiempo que lleva escribir a máquina esta carta, llegaríamos a la conclusión de que la única persona que podría haberla escrito sin despertar sospechas es... usted mismo, doctor.

Este pequeño misterio final que toma nuestra historia me encanta porque le concede un toque policial que me fascina. Voy a guardarme el secreto sobre cómo lo hice, para poder volver a escribirle si surgiera algo más para decirle.

Por ahora, me despido de usted, no sin antes permitirme hacerle un pedido:

¡Cuídese, doctor Ayanack, cuídese! No me gustaría que por un tonto descuido, un accidente real transformara en inútil todo mi trabajo.

J. M. A.

Ilusión

Publicado en *Cartas para Claudia*, 1982.

Había una vez un campesino gordo y feo
que se había enamorado (¿cuándo no?)
de una princesa hermosa y rubia...
Un día, la princesa —vaya a saber por qué—,
le dio un beso al feo y gordo campesino...
y mágicamente éste se transformó
en un esbelto y apuesto príncipe
(por lo menos así lo veía ella...)
(por lo menos... así se sentía él).

El guerrero

*Puedo decir del amor que tuve que
no es inmortal puesto que es llama
pero que es infinito en tanto dure...*

Vinicius de Moraes

El cuerpo gigantesco del guerrero sumerio estaba arado de cicatrices y su piel curtida por el sol y la nieve.

Su nombre era Jormá, y cuenta esta historia que cierta vez, mientras cabalgaba con tres de sus amigos de una ciudad a otra, sufrieron una emboscada a manos de sus más crueles enemigos.

Los cuatro guerreros combatieron con fiereza pero sólo Jormá consiguió sobrevivir, sus tres amigos cayeron muertos durante la lucha.

Ensangrentado y exhausto, Jormá se dio cuenta de que necesitaba descansar, reponer fuerzas y sanar sus heridas.

Miró a su alrededor en busca de un lugar seguro y divisó una pequeña caverna excavada en una montaña cercana.

Casi arrastrándose llegó hasta allí y una vez dentro de la cueva, extendió sobre el piso su piel de oso y se quedó profundamente dormido.

Horas o días después, lo despertó el hambre. Sintió que su estómago reclamaba algo caliente. Todavía adolorido, Jormá decidió salir a juntar algunas ramas y troncos secos para prender un pequeño fuego en su guarida transitoria y comer así un poco de la carne salada que llevaba consigo. Cuando la luz de las llamas iluminó el interior del refugio, el guerrero no podía creer lo que veía: el reducto que había encontrado no era simplemente una cueva, era un templo, un templo excavado en la roca.

...Por las inscripciones y los símbolos, el sumerio descubrió que el templo había sido construido en honor a un solo dios...

El dios Gotzú.

Jormá había aprendido a desconfiar de las casualidades, y quizá por eso no dudó en pensar que sus pasos habían sido conducidos hasta la cueva por el mismísimo dios del templo, para poder así guardar su sueño.

Jormá concluyó que ésta era una señal.

Desde entonces encomendaría su espada al dios Gotzú.

Se quedaría allí hasta que sus heridas curaran.

Mientras tanto, prendería un gran fuego debajo del altar que presidía la inmensa imagen en piedra del dios y cazaría algún animal al cual sacrificar en su honor.

Cinco días y cinco noches más estuvo el guerrero en la cueva de la montaña, reponiéndose y honrando a Gotzú.

Durante ese tiempo nunca dejó que se apagara la llama que iluminaba el altar.

Al sexto día, Jormá se dio cuenta de que era hora de seguir su camino, y quiso dejar, antes de partir, una ofrenda a Gotzú en señal de gratitud.

–Una llama eterna —pensó—, pero ¿cómo conseguirla?

Jormá salió de la cueva y se sentó en una roca al borde del sendero a meditar sobre el problema.

Sabía que un poco de aceite ayudaría a mantener la llama, pero no era suficiente.

Pensó, por un momento, que quizá debía buscar mucha leña, tanta como para que nunca se consumiera; tanta, que durara eternamente... pero rápidamente se dio cuenta de lo vano del esfuerzo... mucha madera aumentaría la intensidad del fuego, pero no la duración de la llama...

Un monje, de túnica blanca, que caminaba por el sendero se detuvo frente a Jormá.

Tal vez de puro curioso o quizá por la sorpresa de ver a un guerrero en tan reflexiva actitud, el caso es que el monje se sentó frente al sumerio y se quedó inmóvil mirándolo como si pasara a ser parte del paisaje.

Horas después, cuando el sol ya caía, Jormá, todavía seguía pensando...

Lo ocupaba tanto su problema que no se sorprendió demasiado cuando el monje le habló:

–¿Qué te pasa guerrero? Pareces preocupado... ¿Puedo ayudarte?

–No lo creo —dijo el guerrero. Esta cueva, mi señor, es el templo del dios Gotzú, a quien hace cinco lunas he consagrado como mi protector, el destinatario de mis oraciones, el objeto último de mi lucha. Pronto deberé partir y quisiera honrarlo eternamente, pero no sé cómo conseguir que la llama que he encendido dure para siempre.

El monje meneó la cabeza y como si hubiera adivinado el camino que había recorrido el pensamiento del guerrero, le dijo:

157

–Para que la llama sea eterna, necesitarás algo más que madera y aceite...

–¿Qué cosa? —se apuró a preguntar Jormá. ¿Qué más necesito?

–Magia —dijo el monje secamente.

–Pero yo no soy mago, ni sé de magia...

–Sólo la magia puede conseguir que algo sea eterno.

–Yo *quiero* que la llama sea eterna —dijo el guerrero, y siguió—: si consigo la magia, ¿me puedes asegurar que la llama para Gotzú será eterna?

–¿Asegurar? Hace una semana ni siquiera sabías de la existencia de este templo a Gotzú... y hoy quieres para él un homenaje eterno. Esto es lo que hoy deseas... ¿Es que acaso tú puedes asegurar que tu deseo será eterno?...

Jormá guardó silencio.

El guerrero se dio cuenta de que nadie podía afirmar la eternidad de un deseo...

El monje volvió a menear la cabeza y se puso de pie...

Se acercó a Jorma, apoyándole la mano abierta en el pecho, y le dijo:

–Te diré un secreto:

¡La magia sólo dura mientras persiste el deseo!

Rebelión

ón Rebelión Rebelión   Rebelión Reb
n Rebelión Rebelión Rebelión Rebel
ón Rebelión Rebelión   Rebelión Reb
belión Rebelión Rebelión Rebelión Re
n Rebelión Rebelión Rebelión Rebel
Rebelión Rebelión Rebelión Rebelión
Fión Rebelión Rebelión Rebelión Re
n Rebelión Rebelión Rebelión Rebel
 Rebelión Rebelión Rebelión Rebelió
ón Rebelión Rebelión Rebelión Rebel
eFión Rebelión Rebelión Rebelión Reb
n Rebelión Rebelión Rebelión Rebel
ón Rebelión Rebelión Rebelión Rebe
ebelión Rebelión Rebelión Rebelión
n Rebelión Rebelión Rebelión Rebeli
n Rebelión Rebelión Rebelión Rebel
Fión Rebelión Rebelión Rebelión Reb
n Rebelión Rebelión Rebelión Rebel
Rebelión Rebelión Rebelión Rebelió
n Rebelión Rebelión Rebelión Rebel
n Rebelión Rebelión Rebelión Rebeli
eFión Rebelión Rebelión Rebelión Re
Rebelión Rebelión Rebelión Rebelión
n Rebelión Rebelión Rebelión Rebeli
Fión Rebelión Rebelión Rebelión Reb

Y de pronto, el timbre sonó.

–¿Estás ahí? —escuché. ¡Es la hora!

–Ya voy —contesté automáticamente.

–Ya es tarde. Abre la puerta.

Estaba harto.

Pensé en agarrar el martillo y hacerlo...

Con un poco de suerte podría, de un solo golpe, terminar con el incesante martirio.

Sería maravilloso

       No más controles .

               ...No más urgencias

                     ...¡No más cárcel!

Tarde o temprano todos se enterarían de lo que hice...

Tarde o temprano alguien se animaría a imitarme...

Y después... quizá otro...

y otro...

y muchos otros, tomarían valor.

Una reacción en cadena que permita terminar para siempre con la opresión.

Deshacernos definitivamente de ellos.
Deshacernos de ellos en todas sus formas.....

...Pronto me di cuenta de que mi sueño era imposible.
Nuestra esclavitud parece ser, a la vez, nuestra
única posibilidad...
Nosotros hemos creado a nuestros carceleros,
y ahora sin ellos, la sociedad no existiría.

Es necesario que lo admita...

¡Ya no sabríamos vivir sin relojes!

Sueños-semilla

En 1980 me crucé con algunos de los libros del doctor Ira Progoff y con su metáfora maravillosa del roble y la bellota. De la lectura de sus trabajos surgió esta idea.

En el silencio de mi reflexión
percibo todo mi mundo interno
como si fuera una semilla,
de alguna manera pequeña e insignificante
pero también pletórica de potencialidades.

...Y veo en sus entrañas
el germen de un árbol magnífico,
el árbol de mi propia vida
en proceso de desarrollo.

En su pequeñez, cada semilla contiene
el espíritu del árbol que será después.

Cada semilla sabe cómo transformarse en árbol,
cayendo en tierra fértil,
absorbiendo los jugos que la alimentan,

expandiendo las ramas y el follaje,
llenándose de flores y de frutos,
para poder dar lo que tienen para dar.

Cada semilla sabe
cómo llegar a ser árbol.
Y tantas son las semillas
como son los sueños secretos.

Dentro de nosotros, innumerables sueños
esperan el tiempo de germinar,
echar raíces y darse a luz,
morir como semillas...
para convertirse en árboles.

Árboles magníficos y orgullosos
que a su vez nos digan, en su solidez,
que oigamos nuestra voz interior,
que escuchemos
la sabiduría de nuestros sueños semilla.

Ellos, los sueños, indican el camino
con símbolos y señales de toda clase,
en cada hecho, en cada momento,
entre las cosas y entre las personas,
en los dolores y en los placeres,
en los triunfos y en los fracasos.
Lo soñado, nos enseña, dormidos o despiertos,
a vernos,
a escucharnos,
a darnos cuenta.

Nos muestra el rumbo en presentimientos huidizos
o en relámpagos de lucidez enceguecedora.

Y así crecemos,
nos desarrollamos,
evolucionamos...

Y un día, mientras transitamos
este eterno presente que llamamos vida,
las semillas de nuestros sueños
se transformarán en árboles,
y desplegarán sus ramas
que, como alas gigantescas,
cruzarán el cielo,
uniendo en un solo trazo
nuestro pasado y nuestro futuro.

Nada hay que temer,
            ...una sabiduría interior las acompaña...
                  porque cada semilla *sabe*...
                        cómo llegar a ser árbol.

Esquela para un hombre singular

Hoy ha muerto un hombre.

Este hombre era mi amigo.

Este hombre tenía treinta y cinco años.

Desde alguna perspectiva, demasiado joven, sobre todo desde la óptica de la edad que las estadísticas reservan para la muerte. Tiempo suficiente para lo hecho y absolutamente insuficiente para todo lo que dejó sin hacer.

Este hombre era un ser humano interesante y una persona magnífica, pero básicamente era un individuo muy particular. Las opiniones sobre su existencia oscilan desde quienes lo tenían por un pedante insoportable hasta quienes sostienen que tenía la lucidez y la falta de humildad de los genios. Yo, que lo conocí como nadie, puedo contar que no era ni un genio ni un pedante. Era una persona que disfrutaba de su hacer y que, definido por sí mismo como un hedonista, vivía, como es lógico, haciendo.

Esta tendencia indiscriminada a la acción fue, quizá, una de las mayores dificultades que enfrentó en su relación con los demás.

Casi todos, para él, eran muy lentos o inactivos, y por alguna razón que creo adivinar, se rodeó siempre de seres intelectualmente perezosos, a los cuales criticó sin piedad. En un intento de aclarar esta actitud —quizá para justificarlo— pienso que él, no sólo no se consideraba un genio, sino que sospechó toda su vida, que allá, muy atrás o muy adentro, era en realidad un idiota, un inepto, un ineficaz o, simplemente, un ser incapaz de todo acto creativo.

Pero mucho más que la actividad, mi amigo, aquí yacente, amaba la espectacularidad en las cosas. Sus amores debían ser pasiones. Sus gustos infinitos. Su tarea inigualada. Su energía inagotable. En su actividad profesional era, por esto, un maravilloso terapeuta catártico. Nadie como él era capaz de desencadenar un "acting" pleno de descarga emocional. (Me pregunto hoy: ¿sería esto lo que siempre buscó para sí?... Después de todo, él siempre se quejó de no encontrar un terapeuta capaz de ayudarlo definitivamente. ¿Qué quería?... Quizá un terapeuta como él...)

Todo esto, dicho así, o visto así, lo hace parecer maravilloso. ¿Cómo no enamorarse de alguien que se comprometía con cada cosa que hacía, grande o pequeña, con el mismo entusiasmo absurdamente desbordado?... Y, sin embargo, había otra cara de esta alegre moneda, otro aspecto un poco más patético, como a él le gustaba decir, de esta misma situación... Quizá el lado indeseable de esta modalidad, o, por qué no, el motor de estas características:

Este hombre se aburría con mucha facilidad.

Tal vez sea éste el único verdadero impulso de toda la actividad de mi gran amigo y compañero. Él se enamoraba y se aburría de las personas, de los trabajos, de los deportes, de las maneras de vestir y de decir. Para ser sinceros, se aburría también de maneras de ser y de pensar. A pesar de que hoy, cuando existencialmente llega la hora de cerrar un balance, debo reconocer que hubo también cosas de las cuales nunca se aburrió. Vivió para ellas y por ellas, con toda la pasión con que disfrutaba o sufría sus otras vivencias. El símbolo más claro que me viene a la memoria es que nunca lo vi cansado, aburrido, harto, o apartándose de sus hijos. (¿Será ésta la excepción que confirma la regla?, o simplemente, le faltó tiempo para aburrirse... Por fortuna para su memoria, nunca lo sabremos.) Es cierto, sin duda, que este hombre amaba a sus hijos por encima de todas las cosas. ¿Amaría a alguien como amó a sus hijos? (no "tanto como" sino sólo "como" amó a sus hijos). Más lejos aún: ¿habrá amado a alguien más alguna vez? (en el sentido en que él usaba la palabra amar). Esto es: ¿habrá aceptado a alguien totalmente? Ése sí que es un enigma. Una incógnita para los biógrafos. Mi humilde opinión es que él amaba todo el tiempo, excepto... cuando quería a alguien.

Porque cuando este hombre quería a alguien, el amor, la aceptación y la generosidad parecían desvanecerse y en su lugar afloraban sus peores demandas, sus expectativas más enfermizas, sus dependencias más esclavizantes...

Porque se puede dudar si amó o no, pero no cabe ninguna duda de que nunca se sintió verdaderamente amado.

Detrás y a la sombra de este hombre "todopodero-
so", fuerte, invulnerable, "pandórico" (valga el neologis-
mo), a la sombra, digo, de este ser deseado y admirado,
caminaba su otro ser, oculto como un macabro Mr. Hyde,
no por cruel, sino por necesitado de afectos. Otro hombre carente, débil, demandante, pesado y desgraciado. Un
desquerido, inseguro y mendicante... Más de la mitad de
su vida el hombre la ocupó en encontrarse cara a cara
con este Yo tan escondido. Y, finalmente, tuvo éxito; no
por valiente, que no lo era, sino por testarudo... Cuando
después de veinte años de búsqueda, se descubrió (o
creyó descubrirse), descubrió también (o creyó descu-
brir) que los otros, aquéllos a los que amaba, seguían pi-
diéndole que fuera el que siempre había sido. Y él, de
alguna manera, claudicó. Aceptó seguir jugando eternamente su papel de superhéroe, negando con su forzada
euforia sus noches más oscuras.

Ni siquiera él mismo supo cómo se las ingenió para
conseguirlo, pero nunca contó con nadie. Quiero decir
contar. Contar como él pretendía, incondicionalmente.
En su interior, él sabía que nadie cuenta con otro incondicionalmente, pero nunca pudo evitar esta búsqueda
ridícula de un ser sobre cuyo regazo reclinar ingenua-
mente la cabeza y descansar, sin ninguna reserva, cerran-
do los ojos y bajando la guardia... sin dudas y sin temores. Quizá, hoy me esté animando a decir lo que nunca
antes le dije en la cara:

Nunca confiaste en nadie.

Duele creer esto de él, tan amigable, tan dispuesto.
¿Quién de ustedes, los que quedan vivos, puede asegu-

rar que fue su amigo? Muchos podrían, quizá, jactarse de que él ha sido su amigo, pero ¿quién puede asegurar la reciprocidad de esta relación? Sospecho sinceramente que nadie, porque dudo que él, con su mejor buena voluntad, fuera capaz de confiar en los que lo rodearon. No por las dificultades de los demás sino por sus propias incapacidades personales.

Y, sin embargo, puedo imaginar que alguna vez debe haber confiado.

Quizá alguna vez, allá lejos en el tiempo, confió...

Quizá confió y lo estafaron...

Pero... ¡qué absurda justificación!

¿Qué modifica esta supuesta defraudación? ¿Lo hace menos hipócrita? ¿Le quita, acaso, algo de la responsabilidad de no haber sido capaz de cosechar amigos? (excepto uno, debo reconocer, que se salvó por emigrar). ¿Deja acaso de lado su intervención en este, llamémosle, "fracaso"?...

Si él mismo estuviera escuchando, se negaría a aceptar la comprensión, la compasión o la lástima...

¡Tantas cosas quedan poco claras en esta vida intrincada...!

Una de las más misteriosas solía ocupar algún espacio en las cabezas de quienes lo conocían y querían. ¿Qué pasaba en su vida matrimonial?, ¿qué unía a este hombre con esa mujer?, ¿qué sentía por ella? La muerte interrumpe la incuestionable respuesta del tiempo.

Lo cierto es que hasta el día de su muerte, cuestionamientos aparte, dudas al margen, y peleas incluidas: él permaneció en convivencia con su esposa.

Sería muy simplista pensar que se quedó por sus hijos.

Sería negador creer que él era totalmente feliz en esta relación.

Sería infantil pensar que él era o se creía incapaz de seducir o ser seducido por otra mujer.

Sería imbécil asumir que él desconocía lo que pasaba, o que lo negaba....

En definitiva, ¿se quedaba por su amor a esta mujer o se quedaba anclado por sus miedos?

Cualquiera que se lo hubiera preguntado sabría que él la amó y mucho; pero lo que nadie supo es hasta cuándo. ¿La amaba en el momento de su muerte? Yo supongo que sí. Sin embargo, ella estaba llena de cuentas pendientes respecto de él, o de la vida que él le dio en su momento, o del papel de ella en esta relación. Ella estaba, con toda razón, llena de resentimientos y vacía de las cosas que él le reclamaba desmedidamente. Y digo con toda razón, porque yo creo que la vida con él no debe de haber sido fácil ni satisfactoria.

No obstante, hoy, frente a este cadáver, sólo me interesa hablar del hombre, y él creyó haber sido un excelente compañero (por lo menos antes de aburrirse y abandonar la lucha, o mejor dicho, dejar la lucha justamente en manos de ella). Él creyó haber soportado lo insoportable, tolerado todo y hecho todo lo que podía, para construir la pareja que había soñado.

Lo cierto es que el tiempo no les alcanzó.

El muy tonto siempre hizo responsable a su mujer de estos desencuentros; y justa o injustamente murió pensando que ella no estuvo a la altura de las circunstancias.

A lo largo de sus últimos años, también él fue juntando rencores y resentimientos que ensuciaron su vida... y nunca encontró el agua de un calmo remanso donde lavar esa repulsiva suciedad de años.

Es significativo saber que mucho más intenso que su amor por ella fue la manera en que este hombre *quiso* a esta mujer. Porque (esto es innegable) ¡nunca quiso a nadie como la quiso a ella! ¡Nunca!...Y quizá éste fue el problema. Sólo a ella le estaba concedido el dudoso privilegio de verlo tal como era. Exclusivamente en la pareja se animaba a mostrar su lado más débil y dependiente. Pero tampoco ella podía aceptarlo y contenerlo. Y si podía, no quería... y si quería, él nunca lo supo. ¿Para qué siguió? Él sabía, enseñaba y repetía que el amor no es suficiente, ¿y entonces?

¡El miedo!

Es muy probable que ésta sea la llave de muchas actitudes y la respuesta del planteado enigma matrimonial: el temor.

Porque así como era capaz de accionar sin restricciones profesionalmente, así como era de temerario en su actividad, así era de débil e inseguro en su interior.

Alguna vez pensó que su verdadero diagnóstico psiquiátrico pasaba más por las fobias que por ningún otro lado. Ya se había dado cuenta, desde antaño, que su histeria era definitivamente una postura, un mecanismo de defensa o, en el mejor de los casos, una expresión de deseo. Este hombre estaba lleno de miedos. Desde miedos estúpidos y banales, como un brinco cardiaco cuando soñaba el teléfono después de las doce de la noche; hasta terror pánico ante la fantasía de que algo le pudiera pasar a uno de sus hijos (sólo la tos, el dolor de cabeza de uno de ellos bastaba para quitarle el sueño o, por lo menos, la paz). Y entre los dos extremos, superficiales y profundos, el miedo a la muerte... a su muerte. Un miedo que lo acompañó hasta su último día arruinándole gran parte de su existencia. En los últimos tiempos se conducía muchas veces como un hipocondriaco, pendiente de su respiración, de su ritmo cardiaco, de sus dolores musculares o de cualquier reacción en su piel o mucosas. Siempre le molestó pensarse hipocondriaco, quizá porque sabía que este episodio que lo mató quedaría disimulado detrás de sus permanentes temores de enfermedades. ¿Sería acaso su hipocondria un anticipo profético de su muerte?, ¿sería esta preocupación sobre la muerte parte de su estructura psicológica o parte de su actitud parapsicológica de anticipación? Hoy, desde un "después" irreversible, esta inquietud pasa a ser poco o nada importante. De hecho, viendo esta historia en retrospectiva, la muerte temprana también podría llegar a ser interpretada como el final natural y deseado de un gasto energético espantoso... Pero él no quería morirse...

O, por lo menos, quería vivir, más que lo que quería morirse. Porque a pesar de todo lo dicho, este hombre disfrutaba de vivir, y quienes lo rodeaban, él así lo creía, disfrutaban de que existiera. Pero atención: ese goce mutuo debió mantenerse siempre "a distancia".

Porque él tenía una odiosa costumbre o, mejor dicho, una adicción espantante y espantosa:

Esa ridícula vocación de sinceridad a la que el mundo circundante no estaba acostumbrado, ni pensaba acostumbrarse.

Y esta absurda manía de franqueza le traía muchos problemas. El hombre decía:"Yo soy un buen terapeuta", y el mundo le colgaba un cartel de fanfarrón.

Se "jugaba" frente a situaciones a las que otros escapaban y la gente le decía omnipotente.

Se vanagloriaba de sus logros, justamente conseguidos, y su entorno lo castigaba por vanidoso.

Decía la verdad de un "no quiero verte" y su interlocutor le gritaba que era un agresivo.

Dejaba de ir donde no quería y era tildado de antisociable.

Se negaba a mentir y le señalaban su crueldad.

Se negaba a ser "como todos", sólo para no desaparecer, y todos lo acusaban de querer ser el centro.

Es necesario aceptarlo.

Él, que era médico, psiquiatra, psicoterapeuta, psicoanalizado, analista, docente en comunicación, gestáltico y más o menos agudo observador del afuera... él, aunque suene extraño, *¡nunca entendió a la gente!*

¿Qué queda del paso por la vida de este ser humano?

¿Valía la pena?

Quedan sus hijos y sólo por eso ya vale la pena.

Queda lo mucho o poco (yo creo que mucho) que este hombre dio, dejó, enseñó y ayudó a sus pacientes.

Queda la continuidad de su tarea, en otros profesionales de la salud y de la educación que aprendieron, o dijeron aprender de él.

Queda el soporte económico sólido que tanto le preocupaba en los últimos años.

Queda el pensamiento y la manera de escribir de este ser humano.

Queda el registro de su buen humor, de su sonrisa y de su originalidad.

Queda la certeza de que se puede y se "debe" pelear por la propia ideología.

¡Yace aquí, alguien de quien se puede decir,
sin temor a equivocarse,
que hizo todo lo que pudo para ser feliz...
y lo consiguió!

Quizá después de todo lo dicho, ahora tome sentido el epitafio que él mismo eligió para su tumba:

Ser feliz es sentir la convicción de estar en el camino correcto.

Un lugar en el bosque

En octubre de 1996 viajé a Nueva York para empezar mi año 47 con mi "hermano de vida" Ioshúa. Su hermano de vientre, David, me regaló este cuento jasídico que hoy elijo compartir contigo como regalo de despedida.

Esta historia nos cuenta de un famoso rabino jasídico: Baal Shem Tov.

Baal Shem Tov era muy conocido dentro de su comunidad porque todos decían que él era un hombre tan piadoso, tan bondadoso, tan casto y tan puro que Dios escuchaba sus palabras cuando él hablaba.

Se había hecho una tradición en este pueblo: todos los que tenían un deseo insatisfecho o necesitaban algo que no habían podido conseguir iban a ver al rabino.

Baal Shem Tov se reunía con ellos una vez por año, en un día especial que él elegía. Y los llevaba a todos juntos a un lugar único, que él conocía, en medio del bosque. Y una vez allí, cuenta la leyenda, que Baal Shem Tov armaba con ramas y hojas un fuego de una manera muy particular y muy hermosa, y entonaba después una oración en voz muy baja... como si fuera para él mismo.

Y dicen...

que a Dios le gustaban tanto esas palabras que Baal Shem Tov decía, se fascinaba tanto con el fuego armado de esa manera, quería tanto a esa reunión de gente en ese lugar del bosque... que no podía resistir el pedido de Baal Shem Tov y concedía los deseos de todas las personas que ahí estaban.

Cuando el rabino murió, la gente se dio cuenta de que nadie sabía las palabras que Baal Shem Tov decía cuando iban todos juntos a pedir algo...

Pero conocían el lugar en el bosque. Sabían cómo armar el fuego.

Una vez por año, siguiendo la tradición que Baal Shem Tov había instituido, todos los que tenían necesidades y deseos insatisfechos se reunían en ese mismo lugar en el bosque, prendían el fuego de la manera en que habían aprendido del viejo rabino, y como no conocían las palabras cantaban cualquier canción o recitaban un salmo, o sólo se miraban y hablaban de cualquier cosa en ese mismo lugar, alrededor del fuego.

Y dicen...

que Dios gustaba tanto del fuego encendido, gustaba tanto de ese lugar en el bosque y de esa gente reunida... que aunque nadie decía las palabras adecuadas, de cualquier manera concedía los deseos a todos los que estaban ahí.

El tiempo ha pasado y de generación en generación la sabiduría se ha ido perdiendo...

Y aquí estamos nosotros.

Nosotros no sabemos cuál es el lugar en el bosque.

No sabemos cuáles son las palabras...

Ni siquiera sabemos cómo encender el fuego a la manera en que lo hacía el Baal Shem Tov...

Sin embargo hay algo que sí sabemos:

Sabemos esta historia,
Sabemos este cuento...

Y dicen...
que Dios adora tanto este cuento...
que le gusta tanto esta historia...
que basta que alguien la cuente...
y que alguien la escuche...
para que él, complacido,
satisfaga cualquier necesidad
y conceda cualquier deseo
a todos los que están compartiendo ese momento...

Así sea...

Esta obra fue impresa en el mes de enero de 2001
en los talleres de Editores, Impresores Fernández, S.A. de C.V.,
que se localizan en la calle de Retorno 7-D Sur 20 núm. 23,
colonia Agrícola Oriental, en la ciudad de México, D.F.
La encuadernación de los ejemplares se hizo
en los talleres de Dinámica de Acabado Editorial, S.A. de C.V.,
que se localizan en la calle de Centeno 4-B,
colonia Granjas Esmeralda, en la ciudad de México, D.F.